AF582661

# Vous êtes nés sous une bonne étoile

**Christian Soulier**

# Vous êtes nés sous une bonne étoile

LE LYS BLEU
ÉDITIONS

ISBN : 979-10-377-9452-9

# I
# Nuits d'angoisse

Il faisait noir, très noir, j'étais dans mon lit, je ne dormais pas. Mon frère non plus d'ailleurs, lui qui partageait le lit avec moi depuis notre plus tendre enfance. Nous étions silencieux. Je me demandais pourquoi, pourquoi nous devions nous coucher si tôt, avec l'ordre de ne pas bouger de notre chambre, même si nous entendions des bruits. Alors, j'avais décidé de ne pas dormir, de veiller. Je tendais l'oreille, j'écoutais ce silence assourdissant. Les minutes s'écoulaient lentement, très lentement…

Et puis, il y eut des bruits, des chocs : je ne savais pas ce que c'était. J'étais sur le qui-vive, inquiet, l'oreille aux aguets. Ensuite, il y eut des cris, des cris comme je n'en avais jamais entendu, cris de douleur peut-être ? Qui criait ? Pourquoi ? Je devais veiller, rester vigilant, mais le sommeil m'emportait et je m'endormais sans savoir, sans comprendre ce qui se passait. Je n'avais que six ou sept ans. Il me faudrait attendre plusieurs années pour savoir, pour comprendre ce qui se passait toutes ces nuits, ces dizaines de nuits où, inquiet, dans le noir, tous les sens en éveil, je finissais toujours par sombrer dans le sommeil.

Pourtant, combien de fois ai-je entendu ces mots, ces sept mots prononcés par mon père et qui auraient une si grande portée tout au long de mon existence : « Vous êtes nés sous une bonne étoile » !

Sous quelle étoile suis-je né ? Je me le demande encore.

Quatrième d'une famille de six enfants, j'ai vu le jour à St Étienne le 19 avril 1951. Peut-être faut-il que je remonte plus loin pour que vous puissiez mieux comprendre sous quel genre d'étoile je suis né ?

# II
# Mes ancêtres

Je n'ai pas connu mes grands-parents, tous décédés avant ma naissance. Tout ce que je sais d'eux m'a été rapporté, raconté.

Mon grand-père paternel, « le Nané », de son prénom Jean-Marie, était un géant qui pesait le quintal. C'était un serrurier qui avait de modestes moyens. Père de neuf enfants, il braconnait pour « mettre un peu de beurre dans les épinards », selon l'expression consacrée. Il n'hésitait pas à parcourir plus de douze kilomètres à pied pour pêcher de nuit et revenir par le même chemin, une bauge pleine de grenouilles sur les épaules. Ce sac devait peser plus de cinquante kilos.

Son épouse, Marie, est décédée alors que mon père avait dix ans, ce qui devait amener un profond changement dans la vie de cet orphelin, puisqu'à partir de ce jour-là il dut gagner son pain en étant placé chez des paysans. De ferme en ferme, avec le temps, il en viendrait à travailler pour mon grand-père maternel.

Ce grand-père, « le Trente », Marius de son prénom, était aussi un géant doué d'une très grande force. Il était maquignon, marchand de bestiaux donc. Il possédait plusieurs fermes et avait rarement moins de quarante bêtes dans ses étables.

Sa femme, « la Génie », Eugénie de son prénom, eut une existence difficile entre un époux autoritaire et six enfants à élever. C'est chez elle que celui qui m'a engendré a connu ma mère, la fille du patron. C'était une belle femme, grande, assurément un brin coquette, et instruite. Elle eut sans doute pitié de ce beau garçon plein de projets et fut séduite par sa belle chevelure blonde. Elle ferma les yeux sur des défauts évidents, espérant peut-être qu'elle pourrait le changer. C'est bien connu : l'amour est aveugle et plein de certitudes.

Je passerai sous silence les premières années de mariage, durant lesquelles naquirent « sous une bonne étoile » Ghislaine puis Danièle. Lorsque « le Trente » décéda, ma mère hérita de la ferme principale avec suffisamment de terres et de bois pour commencer en compagnie de son mari une vie de paysans. Ils avaient deux vaches et mon père projetait de faire du débardage. Hélas ! La vie est loin d'être un long fleuve tranquille ! Je me suis toujours demandé quelle aurait été la nôtre si mon père avait pu mener à bien ses projets. Aurait-il eu la volonté nécessaire pour réussir ? Je ne sais.

La ferme de mes parents se trouvait à l'extrémité ouest de Montchouvet, hameau du Puy-de-Dôme comptant à l'époque une dizaine de fermes. La plupart étaient tenues par des célibataires qui ne trouvaient pas à se marier. Une de ces fermes se trouvait à une cinquantaine de mètres de la maison et était tenue par « le Joanny » et ses sœurs, « la Marie » et « la Victorine ».

Ma mère était enceinte de son premier garçon (notre bonne étoile était toujours là !). Alors qu'elle était occupée aux travaux de la maison, son aînée, qui avait près de trois ans, avait l'habitude d'aller visiter ses voisins. Elle avançait à petits pas pour quémander un quignon de pain ou un rogaton de fromage. Voilà qu'un jour, elle arriva en se dandinant devant la maison de « la Marie » et de « la Touilline » qui venaient de déposer à terre une marmite d'eau bouillante. Vous devinez la suite, la petite buta dessus et tomba un genou dans l'eau bouillante. Ses hurlements alertèrent ma mère qui courut à toute vitesse à son secours. Les deux sœurs poussaient les hauts cris, mais aucune n'avait l'idée de sortir la petite de cet « enfer ». La brûlure fut très grave : lorsque maman enleva les chaussettes de son enfant, des lambeaux de peau et de chair venaient avec. Ma sœur resta entre la vie et la mort plusieurs jours, ne pouvant assimiler que de l'eau et, pour la soigner, il fallut vendre, souvent pour une bouchée de pain, terres et bois, ce qui mit à mal les projets de mon père. Adieu débardage et élevage ! Il fallut déménager et chercher du travail.

Imaginez le choc émotionnel de cette mère entendant les hurlements de son enfant, puis découvrant ses horribles brûlures. Imaginez le choc pour le bébé qu'elle portait en son sein. Faut-il s'étonner si, dès sa naissance, le petit Jean-Marie rejetait le lait qu'on lui donnait ? Il fallut l'opérer d'une sténose du pylore et, la semaine suivante, d'une double mastoïdite attrapée sur son lit d'hôpital, alors qu'il avait tout juste trois mois et demi.

« Notre bonne étoile étant là », depuis un bon mois, j'étais blotti dans le sein de ma mère, attendant impatiemment de voir le jour. Elle qui devait rassembler tout son courage pour faire face à tant d'adversité, m'a certainement insufflé la force de caractère qui me caractérise, c'est le cas de le dire. (« lol », comme diraient les jeunes aujourd'hui.)

# III
# Ma petite enfance

Comme beaucoup, je suppose, je n'ai aucun souvenir de ma toute petite enfance. Je ne me souviens pas de notre logement de Sury-le-Comtal, pas plus que de celui de Marlhes. Mes premiers souvenirs remontent à l'époque où nous habitions dans un préfabriqué, dans le quartier de La Rivière à Saint-Étienne. Selon ce que ma mère m'a raconté, alors que nous étions déjà cinq enfants à la maison, j'étais un bambin très calme et solitaire, capable de jouer pendant des heures sur un petit banc avec trois épingles à linge.

Cette habitation comportait deux logements mitoyens. Un jour, nos voisins déménagèrent. Ils attachèrent le cheval à un anneau fixé au mur pendant qu'ils chargeaient la carriole de leurs meubles et de leurs quelques affaires. C'était le jour idéal, il faisait très beau. Je jouais, peut-être sur mon petit banc, avec mes épingles à linge, devant la fenêtre grande ouverte. J'ai dû sentir le souffle chaud de l'animal sur mes boucles blondes. Relevant la tête, j'ai découvert, effrayé, une tête énorme qui me regardait et j'ai reculé en hurlant. Cette histoire aussi m'a été racontée. Ce que je me rappelle, ce sont les peurs qui me hantèrent à partir de ce jour-là.

J'avais peur des poules, et même des poussins ! Bien évidemment, j'avais peur des chiens, peur qui me vaudrait par la suite plusieurs morsures. Quand nous rendions visite à ma tante, je savais qu'elle avait des chiens et que, dès que la porte s'ouvrirait, ses chiens bondiraient. Je me cachais donc derrière mon petit frère Alain (pas très courageux le bonhomme !), pourtant, c'est moi qui fus mordu à la cuisse ! Une autre fois, je descendais la coursière de Planfoy en courant quand un berger allemand sortit d'une maison à toute allure. J'opérai promptement un demi-tour, mais il était plus rapide que moi et me mordit le postérieur. Aujourd'hui, rassurez-vous, je n'ai plus peur des chiens, et encore moins des poules et des poussins !

Mon père n'avait qu'à me regarder en me faisant « les gros yeux » et je faisais pipi dans ma culotte. Il suffisait que l'on cherche un coupable en me regardant pour que je rougisse jusqu'aux deux oreilles. J'étais d'une timidité extrême.

Ayant eu cinq enfants en cinq ans, et après avoir vécu des moments très difficiles durant ses premières années de mariage, ma mère était extrêmement fatiguée, très maigre. Des dispositions ont donc été prises par le curé de la paroisse afin de nous placer dans différentes familles lors des vacances scolaires et lui permettre d'avoir quelques moments de répit.

C'est ainsi que je me suis retrouvé dans un manoir au milieu d'un grand parc. Je me souviens encore de l'odeur qui régnait dans cette grande maison : un parfum d'encaustique qui se mêlait au fumet de plats délicieux délicatement préparés. Les plafonds étaient hauts. Il y avait un grand et large escalier qui menait à l'étage, des meubles sculptés en bois massif, des bassinoires en cuivre si grandes que je pouvais me cacher dedans. Pour jouer, j'avais un jeu de lettres : des carrés de bois avec gravé sur chacun d'eux, une lettre de l'alphabet (un peu comme les lettres d'un jeu de Scrabble). Je me revois en train de les aligner, essayant de former des mots. Quelle ne fut pas ma déception lors d'un séjour ultérieur de découvrir que le jeu avait disparu ! La maîtresse de maison, Madame Dupir, était veuve. Je ne saurais vous dire son âge, je la voyais vieille, mais, avec le recul, je pense qu'elle devait avoir autour de la cinquantaine, peut-être moins.

Elle était d'origine espagnole, c'était une femme très gentille. Je n'ai passé que des moments agréables dans sa maison, et cela, à plusieurs reprises.

J'avais les cheveux tellement blonds que ma mère ne voulait pas les couper. De ce fait, les gens lui disaient : « Qu'elle est belle, votre petite fille ! » Ils ne s'étaient pas attardés sur mes genoux cagneux.

Un été, je me suis retrouvé chez la famille Magnin. Ils avaient deux filles, Odile et Élisabeth. Elles étaient un peu plus âgées que moi. Nous avons entrepris un grand voyage en 2 CV pour aller de Saint-Étienne à La Baule ; nous avons fait étape à Noirétable où ils avaient de la famille. Je revois la grande maison au bord de la route et le long couloir menant au jardin derrière la maison.

Un grand jardin avec des fraisiers ! Je me souviens combien il m'était difficile de résister à la tentation de manger les jolies fraises bien rouges qui brillaient au soleil et me faisaient saliver. C'était d'autant plus dur que je me retrouvais souvent seul, exclu des jeux des autres enfants qui me traitaient en étranger. Ma vengeance fut terrible : je mordis à pleines dents dans le ballon de plage tout neuf, le crevant de façon irréparable. À mon grand étonnement, je ne fus pas puni, peut-être les parents n'étaient-ils pas dupes de la situation.

À La Baule, nous allions à la plage chaque jour. Il y avait dans la maison où nous logions un jouet qui m'attirait beaucoup : un petit bateau en plastique avec des roues à aubes. J'avais l'autorisation de l'emmener pour m'amuser à le faire voguer. Le plus drôle de l'histoire c'est que je ne l'ai jamais fait. Tellement pris par mes occupations (châteaux de sable, recherche de coquillages, etc.), j'oubliais chaque fois que j'avais le bateau dans mon sac. Je pense que c'est au cours de ce séjour que j'ai mangé pour la première fois des crevettes et des fruits de mer.

Ce sont là les rares souvenirs de cette période de ma vie.

# IV
# Valbenoîte

Lorsque nous avons emménagé dans le quartier de Valbenoîte, nous vivions au troisième étage d'un petit immeuble en face du cimetière, avec une vue imprenable sur les quartiers ouest de Saint-Étienne. Pour ceux qui connaissent cette ville, nous étions tout en haut de la butte qui sépare le quartier de Valbenoîte de celui du Cours Fauriel. Nous avons vécu là jusqu'à mes dix ans.

Catholique très pratiquante, ma mère nous envoya à l'école privée de la paroisse. Des religieuses enseignaient les petites classes et, sans doute, l'école des filles. L'éducation des garçons était confiée en partie à des frères maristes. C'est là que j'ai eu mes premiers démêlés avec les religieux. Un jour, je ne sais pour quelle raison, je ne voulais pas rentrer en classe ; toujours est-il que j'ai donné un grand coup de pied dans les tibias de la religieuse qui voulait m'y forcer et ne renonça pas pour autant, me traînant jusqu'à un bureau du fond de la classe.

Pour aller à l'école, nous empruntions la rue de la Vivaraize. Combien de fois ai-je descendu cette rue en luge sur mon cartable quand il y avait de la neige ! Certains vont à l'école à pied ou en voiture, moi j'y allais « en cartable » ! À cette époque, je ne portais jamais de pantalons longs : été comme hiver, j'étais en shorts et devais supporter les froidures de l'hiver. J'avais souvent les cuisses violettes, comme le jour où je dus faire cent tours de cours parce que j'avais été puni et qu'il faisait un froid de canard.

Nous aimions jouer dehors, dans les caniveaux du cimetière où nous attrapions des têtards. Nous les gardions dans un bocal dans notre chambre. Les pauvres bêtes mourraient de faim. Nous aimions attraper des salamandres et jouer avec dans le bac à sable. Elles avaient plus de chance que les têtards, car nous les relâchions à la fin de nos jeux. Près du cimetière, il y avait un petit bois de pins et une fabrique de crosses de fusils. Une aubaine, puisque nous pouvions récupérer des chutes de bois qui avaient la forme d'une crosse et qui pour nous devenaient des « carabines » pour jouer aux cow-boys et aux Indiens.

C'est à Valbenoîte que j'ai joué pour la première fois avec des pétards. « Le Beli », dont je parlerai un peu plus loin, était à la maison. Ce devait être à l'époque du Mardi gras et il avait acheté des pétards. Nous nous étions mis sur la loggia, les allumions et les jetions dans le vide pour qu'ils explosent en l'air à notre plus grande joie. Par la suite, je deviendrais un expert dans le lancer de pétards.

Ma mère, qui faisait de l'action catholique ouvrière, s'absentait régulièrement avec mon père pour assister à des réunions. Ma sœur aînée, Ghislaine, ayant quatre ans de plus que moi, était chargée de veiller sur nous pendant ces absences qui se terminaient souvent tard le soir. Nous acceptions facilement son autorité. C'était tout autre chose quand Danièle, deuxième dans la fratrie, voulait nous commander : les trois garçons se rebiffaient. Un jour, Jean-Marie et moi avons saisi chacun un couteau de cuisine, poursuivant nos sœurs jusque dans la loggia où nous les avons enfermées. Je ne vous dis pas la correction que nous avons reçue lorsque mes parents furent mis au courant de notre révolte !

Ceci dit, j'étais particulièrement nerveux et avais peur de mon père : lorsqu'il passait derrière moi dans la cuisine alors que je déjeunais, je sursautais et renversais systématiquement mon bol de café au lait. Je ne peux compter le nombre de fois où cela m'est arrivé.

Ma mère avait droit à des aides familiales pour l'aider à faire le ménage, la lessive, le repassage, la couture. Une de ces femmes ne portait pas de culotte. Lorsqu'elle repassait le linge, il nous arrivait, mon frère et moi, de nous coucher sur le dos et de glisser sous ses robes pour admirer le spectacle. À l'époque, nous ne comprenions pas vraiment la situation : en fait, mon père trompait ma mère avec elle, ce qui fut à l'origine d'un épisode dramatique qui aurait pu très mal se terminer.

Un jour, une dispute éclata dans la cuisine. Je me trouvais là, entre ma mère à ma gauche, et mon père à ma droite. Attirée par les éclats de voix, Ghislaine vint dans l'encadrement de la porte, juste derrière mon père. La casserole de lait chauffait sur la gazinière. Il prit la casserole de lait qui était près de bouillir et menaça ma mère de la lui jeter à la figure si elle ne se soumettait pas à sa volonté. Il la fixait de son regard terrible. Je revois la scène qui s'éternisait et me faisait trembler de peur, ils s'étaient tus tous les deux et s'affrontaient du regard. La voix de Ghislaine s'éleva et parla à mon père pour le raisonner. Elle parlait lentement, d'un ton ferme. Je ne me souviens plus des mots. Heureusement, ils eurent un impact suffisamment fort sur mon père qui reposa la casserole. Aujourd'hui encore, je frémis à l'idée de ce qui aurait pu arriver. Je sus plus tard qu'il voulait faire ménage à trois, ce que ma mère refusait catégoriquement et qui était tout à fait compréhensible.

# V
# Le Beli

Âmes sensibles, sautez ce chapitre !

« Le Beli », c'était mon oncle, petit frère de mon père, et aussi mon parrain. Il vivait à Aix-en-Provence et venait chez nous chaque année pour des périodes plus ou moins longues. Lorsqu'il arrivait, c'était pour moi des moments de grand bonheur. Il était handicapé, paralysé du côté gauche. Handicapé ? En êtes-vous sûr ? J'aimerais vous raconter son histoire et vous dire comment cet homme a marqué ma vie d'une empreinte indélébile.

Jeune, il était puisatier. C'était un bel homme et le dur travail ne lui faisait pas peur. Alors qu'il creusait un puits et se trouvait à une bonne profondeur (entre 7 et 10 m), le seau plein de gravats s'est détaché et, dans sa chute, lui a ouvert le crâne. Le Beli est remonté à la surface à la corde lisse et a été emmené directement à l'hôpital. Le chirurgien de service était en conférence. Personne ne voulut le déranger, car, vu l'état du blessé, tout le monde pensait qu'il ne survivrait pas : la cervelle sortait de sa blessure. Cependant, lorsque le médecin sortit de sa conférence, le Beli était toujours en vie. Voulant opérer immédiatement, le chirurgien lui demanda s'il acceptait de l'être sans anesthésie. Mon oncle survécut, mais se retrouva paralysé de tout le côté gauche. Selon le médecin, il ne pourrait plus marcher et serait dépendant des autres pour s'habiller, faire sa toilette, etc. C'était mal le connaître. Doté d'une volonté incroyable, il entreprit de devenir autonome dans bien des domaines. Lorsqu'il recevait sa pension, il forçait sa main gauche à s'ouvrir pour récupérer son argent. Je le revois faire ce geste pour expliquer qu'il ne voulait pas se laisser aller. Du bras droit, il avait développé une force herculéenne incroyable dont je vous reparlerai plus tard.

Quand il arrivait, je savais que j'aurais une pièce pour m'acheter des bonbons. Je savais aussi que le soir nous dormirions dans le même lit et qu'il me raconterait de sa belle voix grave, avec l'accent provençal, des histoires qui m'emporteraient dans le monde des rêves. J'imagine qu'il devait beaucoup lire : les récits qui me restent en mémoire tournaient autour des Incas et de leur adoration du soleil.

Il avait toujours des histoires drôles à raconter, avec des exagérations et des expressions qui nous faisaient tordre de rire : « Par six mètres de fond, il criait au secours » ! « Un poisson gros comme ça (les deux index séparés d'à peine 8 cm), avec une tête comme ça (montrant son poing fermé) et des yeux comme ça (rapprochant son poing fermé de la deuxième main recroquevillée) ».

Un jour, il nous conta comment, en compagnie du « Mayou » (un autre de mes oncles paternels chez qui il vivait à Aix-en-Provence) et de sa femme, ils campaient dans un coin de campagne et avaient repéré des ruches ; ils voulurent manger du miel. De nuit, ils pillèrent les ruches et furent poursuivis par les abeilles en colère. Ils furent piqués tant et plus. Et là, il fallait voir mon oncle imitant une abeille enfonçant son dard, comme si elle utilisait une chignole. Il y avait le geste et la musique. Les abeilles, selon son expression, « charclaient » (verbe d'origine catalane qui signifie que l'on se bagarre avec violence, à main nue ou avec une arme blanche).

Lorsqu'ils regagnèrent leur tente, ils se partagèrent le butin dans le noir et se mirent à manger leur morceau de miel avec la cire. Ne pouvant finir sa part, chacun cacha ce qui lui restait pour ne pas se le faire dérober par les autres (la confiance régnait !). Au matin, quand ils voulurent finir leur miel, oh stupeur ! ils se rendirent compte qu'ils avaient mangé du couvain ! Je vous laisse imaginer la suite, ils furent tous malades à l'idée d'avoir ingurgité des larves d'abeilles et rendirent tout ce qu'ils avaient avalé.

Mon oncle m'a aussi fait découvrir le jazz : il aimait beaucoup la musique de La Nouvelle-Orléans. Possédant un magnétophone à bande, le premier que j'aie jamais vu, il avait enregistré les concerts auxquels il avait assisté.

Le jour où il a apporté son magnétophone pour la première fois, toute la famille s'est rassemblée dans la salle à manger, et il nous a fait parler chacun à notre tour. Nous ne savions pas qu'il nous enregistrait. Quand il nous a fait écouter l'enregistrement, quelle ne fut pas notre surprise d'entendre nos voix ! Elles nous semblaient déformées. Vous comprenez mieux pourquoi nous étions si heureux de voir arriver cet oncle qui, en fait, s'appelait Lucien.

# VI
# Gaston

« Mi-fesse », « Indien pas-de-pot », « Eusèbe », « Professeur Tournesol », « Double-mètre », « Gaston » ! Vous vous demandez peut-être qui sont ces personnages dont je vais vous parler maintenant. En fait, il s'agit d'une seule et même personne : votre serviteur. Vous avez le droit de sourire. Tous ces surnoms, dont j'ai été affublé par ceux qui m'entouraient, vous en disent un peu plus sur ma personnalité. Il y en a un en particulier qui m'a suivi tout au long de mon existence et, ce qui paraît incroyable (mais peut-être pas tant que cela), m'a été donné par des personnes qui ne se connaissaient pas, à des dizaines d'années d'intervalle. Pourquoi ces différents surnoms ?

« Mi-fesse » : Ça vous dit quelque chose ? Mon père m'a donné ce surnom parce qu'il craignait que je tombe de ma chaise : fréquemment, je m'asseyais en n'ayant que la moitié du postérieur sur mon siège. Pourtant, cette façon de faire était économique, nous n'avions besoin que d'une chaise pour deux !

« Indien pas-de-pot » : facile ! Je suis sûr que vous avez trouvé : je n'avais vraiment pas de chance dans la vie, même si j'étais « né sous une bonne étoile ». Comme vous le savez, je renversais souvent mon bol de café au lait. Demandez-moi de ranger la pile d'assiettes et j'étais capable de l'échapper ; une pierre dépassait du chemin, je butais dessus, et me voilà par terre…

« Eusèbe » : Vous voyez le rapport ? Oui ? Alors c'est que vous lisiez « Cœurs Vaillants » quand vous étiez jeune catholique. « Eusèbe » est un personnage de bande dessinée. Il inventait toutes sortes de machines qui fonctionnaient mal parce qu'il oubliait toujours un détail important. C'était un grand distrait, et je l'étais aussi, toujours dans mes pensées, dans ma bulle, jusqu'aujourd'hui, il faut bien le reconnaître.

« Professeur Tournesol » : Personnage plus connu (voir « Tintin et Milou », la célèbre série de BD d'Hergé), ressemblant beaucoup à « Eusèbe » par son côté distrait, marchant dans sa tête. Vous aviez déjà fait le rapprochement n'est-ce pas ?

« Double-mètre » : Là, il s'agit d'une référence à ma taille, je suis le plus grand de la famille, 1m85. Dès que je l'eus dépassé en hauteur, mon père m'affubla de ce surnom, en particulier lorsqu'il voulait faire quelque chose en utilisant « son » « double-mètre » plutôt qu'un escabeau.

« Gaston » : Cette fois, je pense que vous avez deviné, je suis gaffeur par excellence. La première personne qui m'a attribué ce surnom était un copain de jeunesse. Je devais avoir 15 ou 16 ans. Il faut dire que, très jeune, je me suis révélé un gaffeur né. Certaines de mes gaffes auraient même pu me coûter la vie. Bon ! Ça va ! J'ai compris, vous voulez en savoir plus. En voici, quelques-unes :

Alors que j'aidais mon père à faire un plancher qui servirait aussi de plafond pour les chambres du premier étage à Montchouvet, nous avions installé des planches entre les poutrelles pour nous déplacer. Confiant, j'avançais sur ces planches sans vérifier si elles étaient bien posées. Celle sur laquelle je mis le pied frôlait la poutrelle, mais n'y était pas appuyée. Et me voilà descendu au palier inférieur en compagnie de ladite planche ! J'eus beaucoup de chance ce jour-là. « Ah bon ? » direz-vous ! En fait, les bouts, des planches déjà fixées et découpées en ligne droite, faisaient beaucoup de bruit en tombant directement dans la cage d'escalier. Et surtout, quelqu'un se présentant là, au mauvais moment, aurait pu être blessé. Nous avions donc recouvert la cage d'escalier d'un plancher provisoire et c'est sur ce plancher que je suis tombé, m'en tirant avec une foulure au poignet. Imaginez que je dégringole directement sur les marches, j'aurais pu me faire très mal.

Gamins, nous aimions jouer aux cow-boys et aux Peaux-Rouges, et pour cela, nous nous étions fabriqués de véritables armes d'Indiens. J'avais un bel arc en noisetier et aussi une lance ornée de plumes de poules, avec une lame de couteau fixée au bout. Oui, c'était une arme dangereuse ! Alors que je me trouvais au premier étage du hangar, toujours à Montchouvet, ma lance en main, Alain, mon cadet, faisait le sioux dans la cour juste en dessous de moi. Je décidai de planter ma lance devant ses pieds. Mais je n'étais pas Aigle noir, et je la lui fichai dans l'œil. Persuadé de le lui avoir crevé, je pris mes jambes à mon cou et me cachai dans les genêts un peu au-dessus du hameau. Toute la famille me cherchait, car tous devinaient que je craignais les représailles du paternel. Heureusement pour moi, je n'ai touché mon frère que sur le haut de la pommette, juste en dessous de l'œil. Mon frère aîné m'ayant retrouvé, j'ai pu regagner la maison sans y laisser ma vie.

En une autre circonstance, je fendais du bois avec une hache-masse. La précision est importante, car l'emmanchure de ce genre de hache dépasse du fer de 5 ou 6 cm. Ayant déjà fendu quelques rondins, je m'attaquais à un morceau plus gros qui avait plusieurs nœuds. Je pris un élan plus grand. Ma hache s'éleva plus haut et plus loin en arrière. Hélas, il y avait là un fil d'étendage, et le bout du manche qui dépassait se prit dedans. Comme je le ramenais de toute ma hauteur et de toute ma force, le fil se tendit, puis tira la hache dans l'autre sens. Le manche me cogna violemment la tête et la hache me tomba des mains. À deux mètres environ devant moi, je voyais la tête de mon père à droite, son buste à gauche, son ventre à droite… J'étais sonné et le sang dégoulinait. Heureusement pour moi, il y eut plus de peur que de mal : juste une plaie et une belle bosse !

Une autre fois, je faisais de la luge et, étant particulièrement casse-cou, je descendais un pré qui avait une pente terrible, sans doute plus de 20 %. Peu de gamins avaient le courage de faire cette descente. Le pré, pas très large, était composé de deux parties séparées par une clôture en fils de fer barbelé. Au milieu, un passage ouvert, la partie amovible de la clôture étant sous la neige en hiver ; en bas du pré, une patinoire gelée, à cause des sources d'eaux qui affleuraient. J'avais la luge d'un copain, faite en tubes métalliques, et n'avais pas réalisé que les tubes usés commençaient à se percer sur la partie en contact avec le sol. Alors, me voilà lancé à toute allure à plat ventre sur ma luge, je ne saurais dire à quelle vitesse, 60 kms/heure ? Plus ? C'est possible. Arrivant près du passage entre les deux prés, ma luge a tourné toute seule à 90 degrés et je suis parti dans la largeur. Par bonheur, je passais sous la clôture. Hélas ! derrière, il y avait une haie et surtout un arbre que je pris en pleine tête. J'ai vu 36 étoiles avant de perdre conscience. Mon copain attendait son tour en bas du pré. Ne voyant que mes chaussures dépasser de la haie, il monta aussi vite qu'il put et me tira par les pieds. À ce moment-là, je revins à moi. À l'époque, il n'y avait pas de protocole-commotion et je ne suis même pas allé à l'hôpital. Pourquoi ma luge avait-elle changé de direction instantanément ? Je suppose qu'un de ses trous avait dû se prendre dans un barbelé sous la neige. Cela aurait pu m'être fatal.

Mon père pouvait descendre d'un sapin de 40 mètres de haut en quelques secondes. Souhaitant l'imiter, je me suis fait expliquer la méthode : se mettre à califourchon sur une branche, la tenir des deux mains, se laisser glisser en bout de branche, tomber sur la suivante, et ainsi de suite. Voulant faire un essai prudent, je choisis un sapin d'une quinzaine de mètres, me mis à califourchon et me laissais glisser : au début, tout allait bien. En bout de branche, je cherchais en vain la suivante, et me voilà en chute libre. Dans le dos, un arbre mort, dont je brisais toutes les branches en tombant, m'occasionna des dizaines d'éraflures. Je terminais sur les fesses, heureusement sur un tapis d'aiguilles de sapin.

J'étais vraiment gaffeur, et parfois c'était plus rigolo. Il arrivait qu'essuyant la vaisselle, je sois appelé à une autre tâche. Je posais ma serviette sur l'évier et allais effectuer ce travail. Revenant à mon torchon, je le tirais à moi, tout surpris de voir la tasse que j'essuyais s'envoler et finir en mille morceaux au milieu de la cuisine.

Je vous en raconterai d'autres, mémorables, au cours de ce récit sur les premières années de ma vie.

Ce surnom de Gaston m'a aussi été donné par un ami allemand que j'ai connu au Burkina Faso, alors que j'avais une trentaine d'années. J'étais toujours aussi gaffeur, même si je ne sais plus quelles gaffes m'ont valu ce surnom.

Le summum, cependant, eut lieu le dernier jour d'un cours donné à une petite trentaine d'élèves : ils m'offrirent une BD : « Gaston : Le géant de la gaffe ». Ils avaient ajouté une leçon au cours : « Sujet supplémentaire d : qu'avez-vous appris et retenu en cours ? Discussion d'introduction : exprimez-vous sur la base d'illustrations personnelles ». Huit caricatures dont j'étais le centre mettaient en scène toutes les gaffes que j'avais pu faire pendant les cours. J'avais alors quarante ans.

Qu' avez vous appris et
retenu en cours .
GASTON
10
LE GEANT
DE LA GAFFE

# VII
# Montchouvet

Comme je l'ai déjà dit, Montchouvet est un petit hameau de la commune de La Chaulme, accroché au flanc sud de la colline, à onze cents mètres d'altitude. Au plus profond de ma mémoire, sur les neuf maisons, il y avait six petites fermes en exploitation, certaines n'ayant qu'une ou deux vaches. Aujourd'hui, il n'y en a plus qu'une, tenue par les deux fils « du Guy ».

Montchouvet : ce nom est comme un interrupteur déclenchant une kyrielle de souvenirs. C'est là que se trouve la maison où ma mère est née. C'est là où se trouvent mes racines. C'est aussi là que nous passions nos vacances.

Lorsque nous y venions pour les vacances d'été, c'était un véritable déménagement. Dans un camion de l'entreprise où travaillait mon père, nous chargions les meubles et tout le nécessaire pour presque trois mois à la campagne. Nous, les garçons, faisions le voyage d'une cinquantaine de kilomètres dans la benne, pour notre plus grande joie. Ce voyage s'achevait sur le chemin de terre derrière la maison, le camion ne pouvant accéder à la cour par le passage en pente raide de la simple largeur d'une voiture.

Une murette surmontée d'une barrière faite de ferrures torsadées et pointues, haute de 50 cm, délimitait la cour à partir du chemin. Cette barrière causa deux accidents qui amenèrent mon père à la recouvrir d'une cornière et, plus tard, elle fut supprimée.

Pour sauter dans le pré de devant, ou escalader le frêne, nous avions l'habitude de grimper sur le mur et enjamber cette barrière. Voilà qu'un hiver, la murette étant recouverte de neige, pressentant le danger, mon père demanda à Jean-Marie d'en descendre avant qu'il ne s'empale. Aussitôt rentré, peut-être saisi d'un mauvais pressentiment, il ressortit. Mon frère était blanc comme un linge : n'ayant pas tenu compte de l'avertissement, il venait de s'embrocher la cuisse sur une ferrure.

Une aventure plus grave est arrivée à Alain qui, lui, s'est transpercé l'aisselle et a dû être emmené à l'hôpital.

Ladite murette venait buter sur le mur du hangar qui bordait la cour côté ouest. Une porte à deux battants donnait dans le pré. C'est là, sur la droite, que se trouvaient des WC rudimentaires. Une petite cabane en bois avec deux planches au-dessus d'une fosse. À l'étage du hangar, il y avait une cabane en planches servant de charnier. C'est là que l'on suspendait les saucissons à sécher lorsque nous tuions le cochon. Ma mère y entreposait, couchés dans la cendre, les jambons qu'elle avait soigneusement préparés, salés et cousus dans des linges propres. On y accédait par une échelle droite. Le rez-de-chaussée servait à empiler le bois pour cuisiner ou faire des flambées dans la cheminée.

Le corps de ferme se divisait en deux :

– À gauche, l'étable, avec une réserve de bois, le char à bras et les outils de la ferme (râteau, faux, haches, masses, coins, passe-partout, etc.).

– À droite, l'habitation où on entrait directement dans une grande pièce à vivre. Sur la droite, il y avait une grande cheminée qui avait été presque entièrement bouchée, seul un tuyau se raccordant à la cuisinière à bois. Elle était flanquée d'un évier. Collée à la fenêtre de devant, la table où nous prenions nos repas. Sur la gauche, c'était la chambre des parents. En face, deux portes : celle de droite donnait sur une pièce qui servait de salle de jeux, avec une autre cheminée où nous faisions de belles flambées à la veillée. Cette pièce faisait office de salle à manger annexe lorsque nous étions nombreux. La porte de gauche donnait dans un petit couloir qui servait de réserve. Une porte menait à l'étable et, au fond, une autre s'ouvrait sur une belle cave voûtée. Vous y trouviez un petit puits alimenté par une source d'eau pure et fraîche qui affleurait. Nous avions aménagé un petit bassin pour y mettre le lait au frais dans de belles biches en grès. En plaisantant, nous disions que nous avions l'eau « courante », car, à de nombreuses reprises au cours de la journée, nous « courions » puiser de l'eau avec un ou deux seaux à la main, pour les besoins de la maisonnée.

Une fois franchie la porte vers l'étable, vous pouviez, tout de suite à droite, emprunter l'escalier qui menait à l'étage.

Là encore deux parties :

– À gauche, la grange avec une grande porte à deux battants donnant sur le chemin de derrière. Lorsque le foin y était entreposé, il restait un espace vide d'une largeur d'environ 3 mètres. Toute cette partie s'élevait jusqu'à la charpente et à la toiture.

– À droite, les chambres : celle de devant avait deux grandes fenêtres donnant sur la cour. Un poêle à bois trônait sur un côté de la pièce. C'était la chambre des filles. Celle de derrière, la chambre des garçons, avait juste deux petits fenêtrons. Il y avait deux grands lits. Les plafonds en bois faisaient office de plancher pour un étage supplémentaire qui servait de débarras. Il était possible d'y accéder par une échelle.

Comme nous n'avions pas de salle de bain, nous allions nous laver au bachat au milieu du hameau et, pour le bain, nous utilisions une fois par semaine un grand baquet en bois que nous installions dans la salle de jeux.

Montchouvet, c'était aussi le monde du silence, loin du tintamarre de la ville. C'étaient les forêts de sapins : en face, le Sapet ; sur la droite de la ferme, le bois du Roi. Ce bois, qui avait dû appartenir à un des rois de France, est encore borné avec des pierres, portant sur un de leurs champs, une fleur de lys sculptée.

J'ai parcouru ces bois dans tous les sens pour y cueillir toutes sortes de champignons comestibles que nous avons appris à reconnaître à l'école de nos parents. Avec mes frères, nous nous étions fabriqué des paniers avec des cageots profonds que nous portions en bandoulière à l'aide d'une ficelle. Et nous voilà partis pour de grandes expéditions à la recherche de cèpes, de chanterelles, de lactaires, etc. Lorsque nous rentrions, il fallait trier notre cueillette. Nous découpions les cèpes et faisions de grands colliers que nous laissions sécher au-dessus de la cuisinière à bois. Les chanterelles les plus charnues étaient mises au vinaigre. Et, avec le reste de la cueillette, nous nous régalions d'une délicieuse omelette aux champignons. Il y avait des variétés que nous mettions en bocaux, comme les souchettes, les charbonniers, les trompettes de la mort et les chanterelles à tube. Lorsque nous trouvions suffisamment de gros bolets (de plus d'un kg parfois), ma mère préparait les chapeaux avec de la farce au four. C'était aussi un vrai régal !

Il nous arrivait fréquemment d'oublier l'heure. Parfois, nous entendions nos parents nous appeler en criant et nous rentrions à la course pour le repas. Il y eut ce jour où nous étions si loin que nous n'avons pas entendu leurs cris. En arrivant à la maison, nous nous attendions à trouver la table mise et le repas prêt. Mais la maison était bien rangée, rien sur les fourneaux, pourtant nous avions l'estomac dans les talons. Quand nous avons demandé à quelle heure nous allions manger, mon père nous a répondu que nous avions encore du temps et que nous pouvions aller jouer en attendant. Nous tournions comme des âmes en peine. En fait, ils nous avaient fait une blague, car il était plus de 15 heures et ils avaient caché le dîner. Inutile de vous dire que nous nous sommes jetés sur la nourriture lorsqu'ils l'ont déballée.

### a) Grimper aux arbres

Très vite, j'ai appris à grimper aux arbres. Il y avait un frêne devant la maison. Nous y grimpions souvent pour voir arriver nos invités, car, de là-haut, nous avions une bien meilleure vue sur la route.

Au « Beceyrou », il y avait un merisier auquel nous aimions grimper, utilisant la flexion des branches pour redescendre à terre. Je me souviens d'un jour où la copine de ma sœur aînée était avec nous. J'en rigole encore : elle avait réussi à grimper sur la première branche, qui devait se situer à un peu plus de 2 mètres de haut, après moult encouragements. Mais, pour redescendre, ce fut une autre histoire. Après bien des hésitations, elle se laissa glisser tout doucement. Ce qui n'était pas prévu, c'est cet ergot, peut-être une petite branche cassée, qui dépassait. Son short s'y accrocha et la copine se retrouva pendue à ladite branche. Dans l'incapacité de se décrocher, elle poussait de hauts cris tandis que nous nous tordions de rire.

Il nous arrivait souvent de quitter la maison en catimini au moment où nous devions aller nous coucher. Mes parents dormant au rez-de-chaussée, il nous était facile de nous éclipser par la porte de la grange et de partir nous promener dans la nuit au clair de lune. La plupart du temps, nous allions au « Beceyrou » grimper à notre merisier. D'autres soirs, lorsqu'il y avait la pleine lune et qu'il faisait bon, nous allions jouer à la pétanque en famille sur le chemin de derrière.

Juste en dessous du pré où se trouvait le merisier, il y avait un bois de fayards (de hêtres si vous préférez). Dans ce bois, il y avait notre « arbre sacré » : normal pour des Indiens ! Il était gros, grand, et à environ 2 m de hauteur, le tronc se divisait en plusieurs troncs secondaires. Par endroits, les branches s'entrelaçaient. Ici, c'était le camp de Jean-Marie, là, le mien. Nous pouvions nous coucher sur les branches sans risquer de tomber. Nous aimions jouer à la « motte » dans cet arbre, avec deux règles simples : interdiction de descendre de l'arbre et pas de « remotte » possible.

Au bois du Roi, au bord du chemin, à l'orée d'une clairière, il y avait un sapin haut d'au moins 40 mètres. La première branche se trouvait à plus de 3 mètres du sol. Pour grimper à cet arbre, nous devions sauter et attraper le bout de cette branche, nous hisser par la force des bras, puis, dès que possible, nous aider de nos pieds comme lorsque l'on monte à la corde lisse. Quand nous arrivions à la jonction du tronc, nous étions la plupart du temps pendus par les mains et les pieds. L'opération suivante consistait, en prenant appui sur lui, à se rétablir sur la branche. Le plus dur était fait. Cela étant, nous montions les 37 mètres restants comme à une échelle. Tout en haut, la récompense : une vue splendide à 360 degrés. La cime était cassée et les trois branches du haut formaient un siège sur lequel on pouvait s'asseoir en toute sécurité. Nous pouvions voir tous les hameaux environnants et même, au sud-est, le village de Montarcher !

Et puis, il y avait ce hêtre, si difficile à grimper ! La première fois que je m'y suis collé, j'étais en compagnie de Jean-Marie et peut-être de Dédé. Nous ne sommes pas montés très haut, car cet arbre avait peu de branches et le début était difficile. Il y avait un passage où nous nous amusions à nous pendre par les mains et à nous balancer jusqu'à ce que nous parvenions à passer une jambe sur la branche suivante, légèrement plus haute que celle à laquelle nous étions suspendus. Après un rétablissement, nous pouvions reprendre notre ascension.

Mais je n'étais pas satisfait. Il me fallait à tout prix atteindre sa cime. Je suis donc revenu, seul ce jour-là, avec l'idée bien arrêtée d'atteindre le sommet. Je suis très vite arrivé là où nous nous étions arrêtés la dernière fois. Debout sur ma branche, n'ayant plus de branches atteignables, j'ai embrassé le tronc qui devait faire au moins 30 cm de diamètre à ce niveau et j'ai commencé à grimper comme à la corde lisse. Après m'être hissé de quelques centimètres, peut-être un mètre, j'ai pu attraper une branche et, par la force des bras, me hisser et finalement grimper dessus. J'étais à au moins 10 mètres de hauteur, peut-être plus, je voyais le vide sous moi avec le tapis de feuilles. Même si je n'avais pas le vertige, mon cœur battait à tout rompre, par suite de l'effort fourni et de la peur qui s'emparait de moi. J'avais bien conscience que, si je tombais, il n'y aurait personne pour me ramasser où pour me porter secours puisque je n'avais pas dit à qui que ce soit où j'allais. Je tenais le tronc serré contre moi, et j'attendais que les battements de mon cœur ralentissent. Il n'était pas question pour moi de renoncer. Lorsque mon cœur se fut calmé, je repris mon ascension qui devint plus facile et parvins finalement au sommet de cet arbre. J'avais vaincu ma peur et réussi mon défi.

Je devrai préciser que c'est mon père qui nous a communiqué le virus, avec toutes les histoires qu'il nous avait racontées sur son enfance et ses exploits avec ses frères. C'est lui qui nous a appris à grimper aux arbres et notamment à tester les branches pour nous assurer de leur solidité avant de mettre tout notre poids dessus. C'est particulièrement important sur un arbre dont les branches sont cassantes, comme le hêtre par exemple. Même encore aujourd'hui, à 71 ans, je me sens à l'aise sur les branches d'un arbre, un vrai singe quoi !

### b) Nos cabanes

Quel enfant n'a jamais eu envie de se construire une cabane ? Mes frères, mes copains et moi en avons bâti plusieurs. Je me souviens de celle du « Cher », un pré dont mes parents étaient propriétaires. De nombreux genêts à balais y poussaient, ainsi que plusieurs bosquets de hêtres. Avec de grandes branches, nous y avions érigé une hutte en forme de tipi. Pour la rendre étanche, nous l'avions recouverte de genêts. Pour la rendre confortable, nous avions mis de la mousse en guise de moquette et construit en son centre un foyer, fait de pierres et de boue, avec un vieux tuyau de poêle qui dépassait du sommet. Il n'était pas difficile de trouver du bois mort, d'allumer un feu, puis de s'allonger tout autour du « chauffage central ».

Nous nous sommes essayés à construire des cabanes dans les arbres. Mais c'était plus compliqué. Elles se sont souvent résumées à de simples planchers de branches à quelques mètres du sol.

La plus belle de nos cabanes, construite au « Beceyrou », était très sophistiquée. Commençant par creuser un trou d'environ 5 mètres de long sur 3 mètres de large, nous avions fait deux bancs de terre de chaque côté sur toute la longueur, la partie centrale étant profonde d'au moins 60 centimètres ; un toit à double pente fait de branches et de genêts descendait jusqu'à terre et nous avions monté trois cloisons en branches, celle du milieu divisant la cabane en deux.

La pièce du fond était une chambre. Les bancs, couverts de fougères et de feuilles de hêtres sèches et bordés d'une rambarde, servaient de lits. Nous avions creusé dans la terre un foyer à la base de la cloison du fond, la cheminée sortant de terre à l'extérieur de la cabane. La pièce de devant servait de salle à manger. Nous avions installé une table fabriquée avec des branches. Il y avait aussi l'eau au robinet : sur le devant de la cabane était placée une lessiveuse que nous devions remplir. Un tuyau parti de sa base alimentait un robinet de tonneau qui coulait sur un petit évier de fortune. Qu'elle était belle notre cabane ! Nous en étions très fiers et avons pleinement profité de son confort le temps d'un été.

### c) Nos jeux

Avez-vous déjà fait de la luge sur herbe ? C'est un jeu très amusant. Nous avions récupéré un bout de chéneau d'environ soixante-dix centimètres de long et une grande planche, de même largeur, longue de plus d'un mètre. Nous avions fixé le chéneau sur la largeur de la planche, à l'avant de ce qui serait notre luge sur herbe, ainsi que les deux bouts d'une corde sur chaque côté. Avec un savon de Marseille, nous avions « farté » le dessous. Et nous voilà prêts pour une expérience inoubliable. En bas du pré, devant la maison, il y en avait un autre, en pente raide, qui n'était jamais fané. L'herbe y était haute et sèche. Nous nous asseyions à trois sur notre planche et nous voilà partis ! Ça glissait bien. Parfois, nous perdions un occupant en route. L'arrivée était brutale, car la pente s'arrêtait net dans un bief. Cette luge sur herbe nous offrit de belles parties de rigolade.

Nous aimions jouer avec l'eau. Il y avait un chemin très pentu qui entrait dans le « Bois du Roi ». De chaque côté, le talus, d'abord très haut, allait en s'amenuisant jusqu'à ce qu'il rejoigne le niveau du chemin. Et surtout, une belle source coulait au milieu. C'était l'endroit rêvé pour créer des cascades et des moulins à eau. Nous commencions par creuser des rigoles sur le talus avec des dérivations vers le chemin.

Puis nous fabriquions nos moulins : un petit bout de branche bien rond pour servir d'axe qui se poserait sur deux fourches de bois plantées en terre, et deux bouts de bois émincés que nous insérions chacun dans une fente faite à angle droit dans l'axe du moulin. Le gros du travail consistait maintenant à faire un barrage permettant de dévier l'eau de la source pour alimenter nos cascades. Nous utilisions pour cela de grosses pierres et de solides branches trouvées sur place, ainsi que la terre du talus. Si notre barrage n'était pas très élevé du côté haut de la pente, du côté bas, il mesurait bien un mètre de haut. Il ne restait plus qu'à ouvrir les vannes et regarder l'eau suivre nos canaux et, finalement, faire tourner nos moulins. Inutile de vous dire que les paysans du coin, qui faisaient du débardage et passaient par là avec leurs tracteurs, n'étaient pas très heureux devant notre ouvrage ! Vu la pente du chemin, il était infranchissable. Il fallait donc absolument le démolir pour passer. Une bonne heure de travail perdue ! Nous en avons eu des échos à plusieurs reprises. Pourtant, cela ne nous empêchait pas de recommencer. Bande de chenapans !

Qui n'aime pas se baigner quand il fait très chaud en été ? Seulement, voilà, nous n'avions pas de piscine ! Montchouvet se situe sur le flanc d'une avancée de colline au pied de laquelle se rejoignent les deux sources de l'Andrable. L'une vient du côté est du hameau de Ferréol. Nous avons eu l'idée de construire notre piscine sur l'autre bras, du côté ouest. Pour cela, il suffisait de barrer le ruisseau qui passait juste en dessous du « Bois du Roi ». Un pont de pierres sèches sur la gauche du chemin enjambait le ruisseau. En bouchant le dessous du pont, nous obtenions une belle piscine avec une eau délicieuse, particulièrement fraîche. Là encore, ce qui nous ravissait faisait enrager les paysans qui devaient détruire nos barrages s'ils ne voulaient pas tremper leurs chargements de foin au passage.

Comment ne pas vous parler de nos batailles rangées près du « bachat » (abreuvoir en granit alimenté par une source) ? En effet, comme nous n'avions pas l'eau au robinet, chaque matin nous allions y faire notre toilette. Lorsque c'était le tour des filles, la tentation était grande d'y jeter une grosse pierre pour les éclabousser. Et souvent, cela dégénérait, qui prenant une boîte de conserve, qui un chapeau (n'importe quel récipient pouvait servir de contenant pour se lancer de l'eau à la figure). Je me souviens d'un jour où les filles s'étaient enroulées dans du plastique et brillaient de mille feux sous l'éclat du soleil à la fin de la bataille rangée. C'étaient encore de grosses parties de rigolade auxquelles se mêlaient parfois les adultes.

Les filles se vengeaient en faisant nos lits en portefeuille ou en y cachant des orties.

Certains étés, nous récoltions le foin du « pré de devant » et l'entreposions dans la grange. Mes parents attendaient le bon moment pour le vendre au meilleur prix. Cela faisait notre bonheur et nous fournissait l'occasion d'inventer toutes sortes de jeux. Nous grimpions sur l'entrait de la charpente au-dessus du fenil et faisions des sauts périlleux avant ou arrière, toutes sortes de plongeons dans le foin. Nous nous amusions aussi à courir sur le plancher au-dessus des chambres, et à sauter les trois mètres qui nous séparaient du fenil. Parfois, nous le faisions à plusieurs en nous tenant par la main. Malheur à qui ratait son coup et tombait sur le plancher, juste devant le foin, 2 mètres 50 plus bas !

Nous nous sommes aussi amusés à creuser un tunnel qui traversait le fenil de part en part. L'entrée du tunnel se trouvait dans le coin gauche en haut tout au fond, la sortie débouchait à l'extrême droite sur le devant, à ras du plancher. À mi-distance, nous avions creusé un espace où nous pouvions nous tenir assis à plusieurs. Malheureusement, il s'affaissait avec le temps malgré nos efforts pour l'étayer avec des planches. Je me revois dans l'étroit conduit, une lampe électrique éclairant un nuage de poussière de foin que j'inhalais à chaque fois. C'est sûr, je suis vacciné contre le rhume des foins.

Le fenil servait aussi de dortoir lorsque nous étions nombreux à la maison. Il n'y avait que deux chambres à l'étage où pouvaient dormir 8 personnes au maximum. Nous aimions, mes frères et moi, aller dormir dans le foin. Chacun y faisait son nid. Parfois, les filles y dormaient aussi, à l'autre bout du fenil pour préserver leur intimité.

Un de nos défis consistait à sauter du hangar dans la cour (2 mètres 50 de haut). Il suffisait de monter à l'échelle proche de la porte de l'étable pour l'atteindre, puis de se lancer dans le vide et retomber sur ses pieds. Un jour que Bernard, le benjamin, y était monté, nous l'avons encouragé à sauter. Il était encore petit et hésitait. Pour le décider, nous lui avons promis une petite somme d'argent. Et là, à notre grande surprise, le voilà qui se lance dans le vide, non pas les deux pieds devant, mais en plongeant comme à la piscine ! Heureusement pour lui (et pour nous !), sa tête heurta le sol à 50 cm d'une grosse pierre. Son menton rebondit sur l'herbe et ses deux mains s'incrustèrent dans la terre, plus molle à cet endroit. Il s'en sortit sans trop de dégâts.

### d) L'Arzaillé

Mes parents étant très hospitaliers, il n'était pas rare de nous retrouver très nombreux à table, entre les invités et ceux qui arrivaient sans prévenir. Je me souviens de fois où nous étions jusqu'à vingt-six convives. Les jours de beau temps, il nous arrivait parfois de tous partir jouer à l'Arzaillé. Il s'agissait d'un coin de nature sur la route de Saint-Anthème, peu après le hameau de Ferréol : un pré, parsemé de nombreux bosquets, où il était possible de garer les voitures, tout en ayant suffisamment de place pour pique-niquer et s'amuser.

Nous aimions jouer à ce que nous appelions « premier vu, dernier sauve ». Pour cela, nous définissions une zone de cent cinquante mètres sur cent cinquante environ, délimitée par de grands sapins. Puis, nous choisissions au centre de cette zone un gros arbre qui servirait de « point de ralliement ». Un joueur que nous appellerons « la motte » devait compter jusqu'à cent à haute voix, le visage collé contre le tronc, pendant que tous les autres allaient se cacher sans sortir des limites de la zone. Une fois atteint cent, « la motte » partait à leur recherche. Lorsqu'il en voyait un, moi par exemple, il devait crier : « Christian vu ! ». Et là, tant lui que moi devions courir au gros arbre. S'il le touchait avant moi, je devenais le « premier vu ». Il devait poursuivre ses recherches. Chaque fois qu'un joueur « vu » touchait le gros arbre avant lui, il sauvait le « premier vu ». « La motte » poursuivait ses recherches et il pouvait y avoir un nouveau « premier vu ». Quand le dernier joueur était découvert, soit il touchait l'arbre après « la motte » et le dernier « premier vu » devenait la nouvelle « motte », soit il le touchait avant, et « la motte » restait la même pour la partie suivante.

Ce que j'aimais dans ce jeu, c'est qu'une fois caché au départ du jeu, il fallait ensuite se rapprocher de l'arbre sans être vu, car « la motte » ne s'en éloignait jamais trop. Je me souviens d'un jour où, voyant « la motte » s'approcher de moi et risquant d'être vu, j'ai plongé sous des branches. Hélas ! il y avait une belle flaque d'eau et je me suis retrouvé tout trempé.

C'était excitant, une fois que l'on était hors-jeu, d'observer les autres joueurs dans leur approche et de les encourager alors qu'ils se lançaient dans une course folle pour atteindre le point de ralliement avant « la motte ».

Une variante consistait pour le « premier vu » à toucher l'arbre d'une main. Les joueurs suivants, se tenant par la main, formaient une chaîne qui se tendait en direction d'un « sauveur » en train de s'approcher. Si le « sauveur » touchait la chaîne de joueurs avant « la motte », toute la chaîne était libérée.

Ce jeu est très amusant quand il y a suffisamment de joueurs, une bonne dizaine, voire plus.

**e) Les Écureuils**

Vous pensez peut-être que je vais vous parler de ces jolies petites bêtes aux couleurs fauves, tellement vives qu'elles s'enfuient à la vitesse de l'éclair lorsque vous les surprenez au détour d'un chemin. Elles grimpent en quelques secondes et s'arrêtent, le cœur palpitant sous l'effet de l'effort violent et de la frayeur. Elles se cachent et vous observent, si vous les découvrez et que vos regards se croisent, elles reprennent leur ascension à toute vitesse jusqu'à une retraite plus sûre. Elles feraient un excellent civet (à ce qu'il paraît, car je n'en ai jamais mangé). C'est ce que me disait mon père, lui qui en avait chassé. Selon ses dires, il suffisait de taper sur l'arbre où l'animal se réfugiait, avec la crosse de son fusil, pour que l'animal grimpe jusqu'à la cime, et là, il devenait une cible facile à tirer. Mais ça, je ne l'ai jamais expérimenté.

En fait, je voulais plutôt vous parler d'une patrouille de scouts qui avaient pour totem l'écureuil. Par un beau jour de juillet, nous avons découvert une telle patrouille dans notre hameau. Ils faisaient leur toilette au « bachat » et nous avons fait connaissance. Nous avons appris qu'ils dormaient juste en face, dans la grange du Joanny qui leur avait donné l'autorisation de dormir dans le foin. Ils nous expliquèrent qu'ils avaient un camp de base à l'Arzaillé, mais que, durant tout le temps du « grand jeu », leur patrouille resterait à Montchouvet.

En attendant, ayant une idée de ce qu'était le scoutisme et sachant que nos parents ne nous auraient jamais laissés participer à un camp de scouts, Jean-Marie et moi étions fous de joie. Imaginez un peu ! Nous allions pouvoir exercer nos talents d'Indiens et servir d'éclaireurs à cette patrouille d'une dizaine de garçons un peu plus âgés que nous. Mais, nous nous sommes vite aperçus qu'ils ne mangeaient pas à leur faim. Mes parents étant très hospitaliers, nous allions leur porter régulièrement de la soupe et ils s'en régaleraient.

Durant « le grand jeu », ils recevaient chaque semaine un nombre de jetons à l'effigie de leur patrouille, en l'occurrence un écureuil. Si ces jetons permettaient d'acheter de la nourriture au camp de base, il faut dire que les jetons d'une autre patrouille en leur possession avaient deux fois plus de valeur. Mais comment en obtenir ? Il suffisait lorsqu'ils rencontraient une autre patrouille de se livrer à une bataille de foulards.

Comme vous le savez peut-être, les scouts ont un foulard porté autour du cou. Quand deux patrouilles se croisent, elles se livrent à une bataille de foulard. Chaque membre de la patrouille accroche son foulard dans le dos, engagé dans le short. Il choisit un adversaire et, une main dans le dos, il essaie d'attraper son foulard sans se faire prendre le sien. Lorsque l'un d'eux perd son foulard, il doit donner un de ses jetons pour le récupérer.

C'est donc là que mon frère et moi sommes entrés en jeu, nous qui courions les bois à longueur de journée et connaissions la région sur le bout des doigts ! Nous qui aimions tellement jouer aux Indiens, nous sommes devenus, avec l'autorisation de nos parents, les « éclaireurs » de cette patrouille. Ils nous disaient où ils voulaient aller et nous marchions en avant d'eux. Avec nos yeux de lynx, lorsque nous apercevions une patrouille, nous cherchions à découvrir leur totem. Nous avancions sans faire de bruit, et sans nous faire repérer, évitant de faire craquer une branche sous nos pieds. C'était palpitant ! Lorsque nous avions atteint notre objectif, nous revenions vers nos « Écureuils ». Alors, suivant la force et l'habileté de la patrouille en question au jeu du foulard, ils décidaient de l'attaquer ou non. À partir de ce jour, ils n'eurent plus de problèmes pour acheter de la nourriture.

« Le grand jeu » consistait aussi à récupérer les fanions des différentes patrouilles mis en jeu par les organisateurs. Chaque patrouille recevait alors un message qui lui indiquait comment retrouver ce fanion. Il pouvait s'agir d'un jeu de piste, ou d'un message codé, ou de données géographiques. Les « Écureuils » avaient un excellent décodeur (et deux éclaireurs hors pair !) Nous pouvions non seulement les aider à savoir très rapidement où se trouvait le fanion, mais également les y emmener par le chemin le plus court, voire même couper à travers bois pour aller plus vite encore. « Notre » patrouille raflait la plupart des fanions, récupérant au passage des jetons pour se nourrir grâce au jeu des foulards.

Et puis il y eut un « jeu de nuit ». Là, nos parents ne nous permirent pas d'y participer. À l'aide de messages en morse, exécutés au moyen de torches électriques, il fallait découvrir de vieux pneus identifiables grâce à un marquage précis. Sans notre aide, « notre » patrouille ne fut pas très efficace, mais tout n'était pas perdu ! En effet, il était toujours possible de découvrir le camp des autres patrouilles et, lorsqu'ils s'absentaient, leur « voler » fanions et pneus.

Alors, Jean-Marie et moi, nous nous sommes mis à pister les autres patrouilles pour découvrir leur camp. Lorsque nous parvenions à nos fins, nous retournions avec les « Écureuils » piller le camp en question. Nous nous tenions à l'affût et, dès que la patrouille partait en expédition, avertissions les « Écureuils » qui dévalisaient le camp, tandis que nous faisions le guet pour prévenir un éventuel retour.

À votre avis, quelle patrouille a gagné le « grand jeu » ? Bien évidemment les « Écureuils », avec une telle avance ! Nous étions très fiers, car nous partagions leur victoire et fûmes récompensés : à la fin du « grand jeu », nous fûmes invités à des veillées au feu de bois dans leur camp de base à l'Arzaillé. J'ai toujours été fasciné par le feu de bois, les flammes qui dansent sur les bûches et les ombres qui les imitent sur les visages dans la nuit. Tous autour du feu, nous chantions au son des guitares sous le regard des étoiles (peut-être le regard bienveillant de ma bonne étoile ?). Je n'oublierai jamais cet été-là et ces moments exaltants vécus en compagnie de mon grand frère.

### f) Braconnage

Très tôt, j'ai appris à attraper les truites à la main dans les ruisseaux que je longeais. Lorsque j'en repérais une belle allant se cacher sous une pierre ou sous la berge, je passais la main dans son refuge et, dès que je sentais sous mes doigts la présence de l'animal, lui caressais le ventre puis, d'un coup, l'enserrais.

Pendant les vacances d'été, quand le niveau de l'eau baissait, nous allions pêcher la nuit, souvent à 4 ou 5, avec un ou deux seaux, une pioche et des lampes électriques. Alors que l'un d'entre nous faisait le guet, les autres s'employaient à construire un barrage avec des mottes de terre. Ensuite, à l'aide d'un seau, nous vidions le premier trou d'eau, piégeant les truites au milieu du lit dans quelques centimètres d'eau. Nous choisissions les plus grosses, puis passions au trou suivant. Régulièrement, nous faisions de petits barrages pour retenir l'eau lorsque le premier céderait. Nous « agouttions » (asséchions) le ruisseau sur une centaine de mètres, ce qui nous permettait de remplir un seau de belles truites. Parfois, nous attrapions en prime un seau d'écrevisses.

Je me souviens d'un jour ou nous étions allés « agoutter », juste en bas du hameau. Sur la gauche de la route, le ruisseau serpentait au milieu d'une jeune plantation de sapins. Il y avait mon père, « le Beli », « le Jean » (un voisin), et un cinquième larron dont j'ai oublié le nom. Ayant vidé deux trous et capturé deux ou trois jolies truites, nous avons entendu dans la nuit un bruit de mobylette qui s'estompa d'une manière un peu trop brusque. Après concertation, mon père s'éclipsa pour aller voir ce qu'il en était.

Peu après son départ, nous avons vu une lumière qui balayait la campagne. Ce fut la débandade ! En ce qui me concerne, je décidais de rester sur place, caché à l'abri d'un petit sapin, et d'attendre le retour de mon père. Je revois la scène : la pioche d'un côté, un seau renversé de l'autre. Au bout de plusieurs minutes qui durèrent une éternité, j'entendis mon père qui, à voix basse, m'appelait : « Christian ? Tu es là ? ». Je sortis de ma cachette. Nous n'étions plus que tous les deux. Mon père décida d'aller à la recherche des autres. Ils étaient à mi-côte. L'un d'eux, dans sa fuite, s'était embroché dans des barbelés, avait déchiré son pantalon et s'était bien éraflé la cuisse. Mon père nous expliqua qu'un voisin était descendu du hameau dans son Ami 8. Avec les cahots de la route blanche, les phares avaient balayé la campagne dans tous les sens lorsqu'il avait pris le virage. Ayant eu tellement peur, nos trois acolytes n'avaient plus le courage de poursuivre la pêche. Il ne nous restait plus qu'à récupérer seaux et pioche et retourner à la maison.

Nous allions aussi à la pêche aux grenouilles, mais uniquement quand nous entendions le « chant des grenouilles » qui emplit la nuit à la saison des amours. Cela se passe à la fin de l'hiver, alors que les nuits sont encore très froides. Les grenouilles se rassemblent par centaines, pour ne pas dire par milliers, dans les marécages. Les femelles chantent pour appeler les mâles. Lorsqu'un couple se forme, le mâle monte sur le dos de sa femelle, la ceinture avec ses pattes avant et, au fur et à mesure que celle-ci dépose dans l'eau ses œufs enrobés dans une masse gélatineuse, il les féconde avec son sperme. Il suffisait de se baisser et de ramasser les grenouilles éblouies par la lumière des lampes électriques. Nous avions aussi un râteau que nous plongions dans les trous d'eau, rapportant toujours deux ou trois grenouilles prises entre les longues dents très serrées. En marchant dans ces marécages, on avait l'impression de se trouver sur un matelas ou un trampoline. Il fallait suivre à la trace le guide qui connaissait les lieux sur le bout des doigts (de pieds sans doute). Oui, mettre nos pas dans ses pas, pour ne pas courir le risque de tomber dans un trou d'eau et de nous retrouver congelés en un rien de temps.

Après la pêche, il y avait le dépeçage. Je coupais la tête de l'animal sur un billot, puis passais la grenouille au suivant qui la dépouillait.

Un troisième lui coupait les mains et les pieds et la jetait dans un seau d'eau. Et là, stupeur ! la grenouille nageait ! Si, décapitée, elle nous échappait, elle s'enfuyait en sautant. Peu ragoûtant, direz-vous ? Pourtant, je salivais à l'idée de ce qui allait suivre : j'ai encore le souvenir du goût de la sauce tomate lorsque ma mère préparait ce mets délicieux, des cuisses de grenouilles.

### g) Les oiseaux

Quel enfant n'a pas rêvé une fois dans sa vie d'avoir un petit oiseau en cage ? Le voir voleter, l'entendre pousser de joyeuses trilles (est-ce l'adjectif approprié ? Je n'en suis plus très sûr en ce qui concerne le prisonnier). C'est mon oncle, « le Beli », qui nous a initiés à cette possibilité. Il nous a raconté comment, enfant, il dénichait des « linots » pour les mettre en cage. Des paroles, nous sommes passés aux actes. Ainsi, un jour, en sa compagnie, nous sommes partis à leur recherche là où il y avait de nombreux genévriers, derrière Férréol. Nous nous sommes tenus à l'affût pour observer le manège des oiseaux et repérer les arbustes dans lesquels ils pénétraient et où se trouvaient vraisemblablement leurs nids.

Puis, il nous montra comment écarter délicatement les branches, en faisant le moins de bruit possible pour ne pas effrayer les oiseaux. C'est ainsi que nous avons découvert plusieurs nids contenant, soit des œufs, soit des oisillons qui venaient de naître. Je pense qu'il s'agissait de nids de « pouillot fitis ». Il ne nous restait plus qu'à patienter et attendre que les œufs éclosent et que les petits grandissent afin de les capturer juste avant leur premier envol. Mais quelle ne fut pas notre déception de voir les oisillons mourir les uns après les autres : ils ne supportaient pas la captivité !

Nous avons donc essayé d'apprivoiser d'autres espèces. Près de la maison, il y avait des nids de rossignols des murailles et de bergeronnettes grises (ou hochequeue). Mais là, ce fut une autre histoire, car ces oiseaux se nourrissaient d'insectes, et quand on parle d'un « appétit d'oiseau », c'est mal connaître ces petites bêtes qui ingurgitent une quantité incroyable de nourriture. Nous avions du mal à pourvoir aux besoins de « notre » progéniture. Nos oisillons ayant la fâcheuse habitude de se jeter contre les barreaux de leur cage, nous l'avons donc entourée de plastique. Malheureusement, notre entreprise fut vouée à l'échec. Nous avons donc décidé de libérer les quelques survivants. Mais, comble d'ironie, ils restèrent pendant des jours dans le périmètre de la cour avant de profiter pleinement de leur liberté !

J'ai aussi essayé de dénicher des pics-verts, entreprise difficile. Le nid était à une bonne hauteur, creusé dans le tronc d'un arbre qui n'avait pratiquement pas de branches basses. Lorsque j'y ai plongé la main, quelle ne fut pas ma surprise d'y trouver plein de fiente d'oiseau ! Quant à l'odeur qui s'en dégageait, elle était terrible. Je suis rapidement descendu de cet arbre, quelque peu écœuré. Finalement, j'ai tiré un trait sur mon rêve d'avoir un bel oiseau en cage !

### h) La réserve de bois

À Montchouvet, nous faisions cuire nos repas sur une cuisinière à bois. Et dans la salle de jeu, il y avait une cheminée où, à la veillée, nous nous asseyions en cercle pour admirer le spectacle, différent d'un feu sous les étoiles, mais tout aussi fascinant, des flammes colorées léchant les bûches. Dans les chambres, un poêle à bois. Il fallait donc des réserves. Ayant l'autorisation d'abattre les arbres morts dans plusieurs bois avoisinants, nous coupions aussi quelques hêtres sur notre propriété du « Cher ». Très tôt dans ma vie, j'ai appris à me servir de la hache et du passe-partout, ainsi que de la masse et des coins ; pas de tronçonneuse à cette époque ! Nous transportions ce que nous avions coupé dans un petit char à bras. Il y avait une grande descente pour revenir du « Cher ». Alors, nous installions de longues billes de bois qui dépassaient d'au moins deux mètres l'arrière du char.

Dans la descente, celui qui menait le char relevait le brancard pour qu'elles fassent office de frein et un ou deux autres montaient dessus pour leur faire racler le sol. Il nous est arrivé parfois de perdre le contrôle de notre char et de le voir quitter le chemin, faire des tonneaux dans le pré de dessous et s'arrêter in extremis au bord d'un dévers. Que d'efforts pour le sortir de là !

Le Beli était un champion pour nous motiver dans cette tâche épuisante. Une fois, nous étions allés déterrer des souches. C'est d'ailleurs en cette occasion que mon oncle, de son seul bras valide, cassa une barre à mine en voulant déraciner une souche récalcitrante. Cette barre avait peut-être un défaut... mais quand même !

Nous sommes donc allés chercher ces souches avec notre char à bras. Au retour, il y avait la côte de la rivière : deux cents mètres de pente raide à plus de 10 % sur un chemin caillouteux et mal entretenu. Nous étions seulement trois, le Beli, Jean-Marie et moi. Mon oncle choisit deux cales, pour lui et moi ; Jean-Marie était au brancard.

Pour mieux comprendre, voici comment était notre char à bras : quatre ridelles amovibles, un brancard avec deux bras et une traverse fixée sur l'avant de ces deux bras ; mon frère se trouvait à l'intérieur du cadre formé par cette structure. Quand nous transportions de longues branches, nous ôtions les ridelles avant et arrière. Mais, pour les souches, nous les avions toutes gardées. Le chargement s'élevait bien au-dessus d'elles. La charrette avait deux roues à rayons qui mesuraient 85 cm de diamètre.

Jean-Marie s'efforçait de mettre un maximum de poids sur l'avant de la charrette en maintenant le brancard au ras du sol. Il était pratiquement plié en deux sur ce dernier et poussait de toute la force de ses jeunes mollets. Mon oncle et moi, nous nous tenions chacun à une des roues, dos à la pente. Tenant deux rayons au plus près de la jante pour faire bras de levier, nous tirions en arrière. Quand nous avions avancé de 10, 20 cm, nous mettions notre cale sous la roue pour que la charrette ne redescende pas. Il faisait chaud, il était peut-être 10 h du matin quand nous avons attaqué la pente. Nous étions tout en sueur. C'est l'oncle qui commandait la manœuvre : à son signal, nous tirions de toutes nos forces et lui et moi enlevions les cales ; à peine plus loin, nous les remettions, le temps de souffler un peu avant de recommencer.

Alors que nous étions à mi-côte, nous avons entendu mon père nous appeler pour le repas de midi. Il eut été facile de crier pour recevoir de l'aide, mais l'oncle s'opposa à cette idée : nous devions y arriver tout seuls et ce fut le cas, exténués, harassés même, mais pas peu fiers de cet exploit ! Il était plus d'une heure de l'après-midi lorsque nous nous sommes présentés pour manger. J'ai tellement été marqué par cette aventure que j'en ai revu le film dans ma tête des centaines de fois.

Je dois avouer que j'ai pris goût au travail de bûcheron : j'aime abattre des arbres et fendre des bûches, manier la hache, le merlin, la masse et les coins. J'ai même appris à scier avec un passe-partout. Ce que j'ai appris durant mes jeunes années m'a été utile toute ma vie. J'aurai peut-être le loisir de vous en parler un jour.

### i) Le lait

L'air de la montagne nous ouvrait l'appétit et nous nous régalions, sitôt levés, d'un grand bol de café au lait et de tartines de beurre ou de confiture sur du pain grillé sur la cuisinière à bois. Je me revois avec des tartines de la taille d'un quart de flûte de pain. Il n'était pas rare que j'éponge complètement mon bol de café au lait avec mes tartines. J'avais donc souvent besoin d'une rallonge. Avec toutes ces bouches à nourrir, nous nous approvisionnions en lait chaque soir auprès des paysans du coin. Comme mes parents n'étaient pas en excellents termes avec ceux du hameau (bien que le Guy nous ait rendu plusieurs services), nous allions chercher le lait dans celui de Pélardy à 2 km environ. Le plus souvent, nous allions chez le Régis (j'ai oublié le nom de ses parents) et quelques fois chez un vieux célibataire qui habitait un peu plus haut.

Nous prenions 2 biches de lait de 2 litres en aluminium si ma mémoire est bonne et nous partions le plus souvent à deux pour arriver pendant la traite du soir. Comme au retour il faisait toujours nuit, nous emportions une lampe électrique pour éclairer notre chemin. La fermière remplissait nos biches avec le lait, encore tiède, qui venait directement de la traite. Elle se servait d'une sorte d'entonnoir muni d'un filtre.

Au matin, lorsque le lait s'était reposé toute la nuit au frais dans la cave, la crème s'était amassée à la surface. Nous devions l'écrémer avec délicatesse à l'aide d'une cuillère à soupe. Régulièrement, ma mère faisait un peu de beurre en se servant d'un bocal de 2 litres comme baratte à beurre.

Je me souviens d'un soir, ou arrivant à la ferme, nous avons trouvé les paysans qui, privés de courant, faisaient la traite en s'éclairant à la débrouille. Quand ils nous demandèrent si nous savions pourquoi il n'y avait pas d'électricité dans tout le hameau, nous avons joué les innocents.

En fait, avec mes frères, nous avions trouvé un jeu très amusant : utilisant du fil de cuivre que mon père avait récupéré, nous en coupions des longueurs d'un mètre environ et les lancions sur les fils électriques qui passaient au-dessus du chemin derrière la maison. Ce devaient être des fils nus, car, lorsque notre bout de fil retombait sur deux fils différents, il provoquait un court-circuit et nous avions droit à un feu d'artifice avec de belles couleurs. Cependant, à force de provoquer des courts-circuits, nous avions déclenché le disjoncteur du transformateur, privant de courant pour 2 jours notre hameau et celui de Pélardy. Avouez que ce n'était pas très malin. Les enfants ne mesurent pas toujours les conséquences de leurs actes.

C'est aussi dans l'étable de cette ferme que nous avons passé la nuit, chacun dans une mangeoire, nuit où l'homme a marché pour la première fois sur la lune. J'imagine que des millions de personnes avaient les yeux rivés sur leur téléviseur pour assister à ce prodige. Quant à nous, nous étions davantage attirés par la naissance d'un veau. Comme c'était l'été, après la traite du soir, les vaches étaient mises au parc pour la nuit. Mais l'une d'entre elles devant vêler avait été gardée dans l'étable où nous l'avons veillée. En fait, elle n'a fait son veau que le lendemain en début d'après-midi.

Si aller au lait était une corvée, surtout les jours de pluie, c'était une fête lorsque nous étions nombreux. Parfois, nous rallongions le chemin en passant par la route. Nous formions alors une bande joyeuse qui chantait tout le long de cette balade nocturne. Et, lorsque nous grimpions la dernière côte, il n'était pas rare que nous fassions une halte à mi-pente. Nous nous couchions dans l'herbe, à plat dos sur un terre-plein tout au bord du chemin, et là, nous contemplions les étoiles, espérant voir passer une étoile filante. C'était à qui en verrait une le premier ou la plus belle. Ou encore, à celui qui apercevrait le premier « spoutnik » (c'est ainsi que nous appelions les premiers satellites mis sur orbite autour de la terre) se déplaçant à vitesse lente et régulière sur la voûte céleste. Parfois, une lueur rouge et une verte clignotaient à tour de rôle signalant le passage d'un avion. Certains parmi nous étalaient leur science et c'est ainsi que j'ai appris à distinguer la Voie lactée, Vénus, la Grande et la Petite Ourses, Cassiopée… Je n'oublierai jamais ces ciels étoilés à l'abri de la pollution des éclairages urbains. C'était pour moi une invitation à la méditation et, très tôt dans ma vie, cela m'a fait prendre conscience de notre petitesse. Nous ne sommes que de minuscules grains de poussière perdus dans l'infinie grandeur de l'univers.

## j) D'autres travaux

Pour rendre la maison plus habitable, mes parents entreprirent des travaux. Une grande partie du plancher de la grange fut entièrement refaite. Les poutres pourries furent changées, des cloisons furent montées entre les deux chambres, et entre ces dernières et la grange. Les garçons dormaient dans la chambre de derrière et les filles dans celle de devant. Mes parents dormaient dans la chambre du bas dont la porte s'ouvrait sur la cuisine. Le plafond des chambres du haut fût refait. Pour tous ces travaux, mon père se fit aider par un cousin, le Daniel. Bien sûr, nous fûmes mis à contribution pour faire le ciment et le transporter à la brouette. Jean-Marie et moi arrivions tout juste à soulever les poignées de la brouette tellement c'était lourd. Souvenir amusant cependant : mon plus jeune frère, qui a cinq ans de moins que moi, voulait lui aussi conduire la brouette. Comme il en était parfaitement incapable, mes parents lui offrirent une petite brouette métallique. Bien évidemment, il ne voulait pas que nous la touchions. C'était « sa » brouette ! Aussi, la cachait-il quand il ne jouait pas avec. Un jour où nous le taquinions à ce sujet, il déclara de façon péremptoire : « D'abord, je ne vous dirai pas où j'ai caché ma brouette, derrière la porte de la cave ! » et lorsque nous sommes revenus avec sa brouette, il s'exclama : « Comment t'as fait ? Comment t'as fait ? »

## k) Les framboises et les myrtilles

Dans les bois qui entourent Montchouvet, il y a de nombreuses clairières couvertes de framboisiers sauvages. Pour mes parents ayant six bouches à nourrir pour ne pas dire plus, c'était une manne à ne pas négliger. Aussi, quand c'était le bon moment, nous organisions une véritable expédition. Nous partions avec des seaux, des timbales et le goûter. Après une marche d'une heure parfois, nous arrivions dans une de ces clairières et la cueillette commençait. Chacun s'occupait d'une zone et lorsque la timbale était remplie de fruits juteux et parfumés nous la vidions dans les seaux et reprenions la cueillette. Vers les 4 heures, nous nous arrêtions quelques instants pour manger notre goûter : une tranche de pain et deux carrés de chocolat, puis nous reprenions notre ouvrage.

De retour à la maison, ma mère faisait sa gelée. Pressant les framboises dans un torchon, elle en extrayait le jus, ajoutait le sucre, et faisait cuire le tout juste ce qu'il faut. Après la mise en pot, nous nous disputions pour lécher la casserole. C'était tellement délicieux ! Oui, tellement que je suis devenu un spécialiste de la gelée de framboises.

Nous allions aussi cueillir des myrtilles, il y en avait beaucoup au « Cher » et sur la lisière du « Sapet ». Celui qui en mangeait pendant la cueillette pouvait difficilement le cacher, car sa langue et ses lèvres le trahissaient. Ma mère nous concoctait des tartes à la myrtille même si la plus grosse partie de la cueillette finissait en confiture.

Oui, comme vous pouvez le comprendre, « Monchouvet » a marqué mon enfance. Dès que nous avons possédé une voiture, nous y montions souvent, été comme hiver. J'y ai appris à découvrir et à aimer la nature. D'ailleurs, vers mes 22 ans, c'est ce qui m'a inspiré pour écrire un poème que j'ai intitulé : « Liberté ». Mon épouse, quant à elle, à la suite de tous les récits familiaux, en a écrit un avec l'aide de son amie Agnès : « La balade au bois du Roi ». Je vous les livre tous les deux.

**Liberté**

Liberté, où es-tu ? Pourquoi m'as-tu laissé ?
Ce soir de décembre, quand je quittais la ville,
Pour venir en ces lieux où l'atmosphère est vile.
Liberté, c'est fini ! Pourtant je t'ai aimée.

Te souviens-tu, quand même, lorsqu'en ta compagnie
Je parcourais les bois, découvrant la nature.
Le sapin était roi, exhalant dans l'air pur
Un parfum qui était la sève de la vie.

Dans le creux d'un sous-bois, un murmure timide
Révélait la présence d'une source d'eau vive.
Je me désaltérais de cette eau qui ravive.
Parfois je l'admirais, s'écoulant si limpide.

M'asseyant sur un tronc, je me suis délecté
D'un fruit sauvage et mûr, à la ronce trouvé,
Dans le jour finissant, le vent s'était levé.
Mille oiseaux gazouillants me chantaient : « Liberté ! »

« Liberté ! »

***

**La Balade au bois du Roi**

Par-delà les coteaux,
Dans la forêt aux mille chants d'oiseaux,
Écoute en silence,
Ma vie, mon enfance.

Les rires d'enfants, le cri des fauvettes,
Portés par le vent, chantent dans ma tête.
La, la, la, la, la,
La chute d'eau claire, à côté des blés,
Jaillit sur les pierres, viens la regarder !
La, la, la, la, la,

Par-delà les coteaux,
Dans la forêt aux mille chants d'oiseaux,
Écoute en silence,
Ma vie, mon enfance.

Cueillir des jonquilles à l'orée du bois,
Chercher des brindilles pour le feu de joie
La, la, la, la, la,
Quand viendra le soir, nous écouterons,
Blottis dans le noir, les voix, les chansons.
La, la, la, la, la,

Par-delà les coteaux,
Dans la forêt aux mille chants d'oiseaux,
Écoute en silence,
Ma vie, mon enfance.
Ma vie, mon enfant

Plus tard, ces deux poèmes ont été mis en musique par mon petit frère, Bernard en compagnie de ma femme Jocelyne. Combien de fois, ne les avons-nous pas chantés à deux voix avec mon épouse ?

# VIII
# Les colonies de vacances

Je n'ai aucun souvenir des premières vacances passées à Montchouvet : je devais être tout petit. Il paraît que ce fut un calvaire pour ma mère : sans cesse, il y avait un problème avec l'un ou l'autre de ses bambins ; l'un avait peur du chien du voisin tandis que l'autre avait marché sur une bouse, et puis c'était la débandade quand les vaches passaient sur le chemin. Il y avait aussi le risque de tomber dans le bachat, et que sais-je encore ? Aussi mes parents décidèrent-ils de nous envoyer en colonies de vacances et d'attendre que nous ayons grandi pour retourner à Montchouvet.

En ce qui me concerne, je fus envoyé dans un établissement qui s'appelait « l'Angélus » et se trouvait à Saint-Étienne sur les hauteurs, au sud-est de la ville. C'est là que j'attrapai la scarlatine. Je garde le souvenir des croûtes qui s'étaient formées autour de mes lèvres et qui me brûlaient lorsque je mangeais de la salade dont la sauce était bien vinaigrée. Je n'ai pas trop souffert de la quarantaine passée en chambre particulière, car j'étais aux petits soins et, quand la fièvre fut tombée, je reçus des jeux pour passer le temps sans trop m'ennuyer. J'avais notamment un petit train qui devait avoir deux wagons et se remontait avec une clef. Il passait sous un tunnel où il se coinçait régulièrement.

Lors d'un autre séjour dans cet établissement, j'ai vécu une expérience très humiliante, mais je n'avais qu'à m'en prendre à ma gourmandise. En effet, j'avais découvert des pruniers. Les mirabelles étaient très mûres et entourées d'un nuage d'abeilles et de guêpes qui éloignaient les autres enfants. Quant à moi, je n'en avais cure. J'avais donc toutes les prunes pour moi et me gavais de ces fruits sucrés à souhait, à tel point que, pendant la nuit, j'eus la colique. J'avais un sommeil profond et, ne me rendant compte de rien, je me réveillai au matin dans un bain malodorant. Inutile de vous dire que je fus bien grondé pour mon exploit. Ce ne fut cependant pas suffisant pour endiguer ma gourmandise. Je me gavais à nouveau de ces prunes succulentes et forcément, la nuit suivante, je connus les mêmes désagréments. C'en était trop pour le personnel qui décida de me punir en m'emmenant dans le dortoir des filles pour me déculotter et me donner la fessée devant un public hilare. Ne croyez pas cependant que cela me découragea de manger des prunes. Heureusement pour moi, je cessai d'avoir la colique.

Je suis aussi allé en colonie E.D.F. en Seine-et-Oise. Tout en haut de la propriété, je revois le château flanqué de chaque côté, le long de la pente, de dépendances qui servaient de dortoirs. J'avais voyagé en train et, à mon arrivée, une sieste était prévue, ce à quoi je n'étais pas habitué. Je luttais de toutes mes jeunes forces pour ne pas la faire et la femme qui me traîna littéralement jusqu'au château dut bien souffrir. Finalement, je sombrais dans un sommeil si profond qu'il fallut me réveiller pour le repas du soir. Disséminées sur le terrain, il y avait des petites tours érigées en petits rondins. Une échelle permettant d'y monter, on pouvait s'amuser à sauter. C'est ce que je voulus faire un jour où j'étais seul, estimant que j'en avais le temps avant de me rendre au réfectoire. Hélas, je suis mal retombé, mon menton a cogné le genou droit qui s'est ouvert. J'ai été soigné et, avec le temps, la plaie s'est cicatrisée. Des croûtes s'étant formées, je fus invité à l'infirmerie. Là, découvrant que l'infirmier voulait les enlever, armé de ciseaux passés sous la flamme, je ne fus pas du tout disposé à accepter un tel traitement. Ils se sont mis à trois pour me tenir, mais j'étais tellement nerveux qu'ils n'ont jamais réussi à me maîtriser et m'ont renvoyé en disant que, si la plaie s'infectait, je n'aurais qu'à m'en prendre à moi-même. Heureusement, ce ne fut pas le cas.

Lors d'autres vacances, je fus envoyé à l'Arbresle, près de Lyon. Je n'ai qu'un souvenir : j'étais très intrigué par une sorte de plateforme suspendue à des câbles d'acier, en fait je suppose qu'elle servait à transborder des billes de bois de chauffage au-dessus d'une rivière.

Et puis, il y eut Biscarosse dans les Landes, au bord de l'océan Atlantique. Je revois les jours de tempête avec de très hautes vagues et les adultes qui y jouaient. Il y avait également ces beaux coquillages que je ramassais sur la plage et cachais dans les dunes pour qu'on ne me les vole pas. Ne sachant plus où je les avais enfouis, je ne les retrouvais jamais !

J'aimais les longues balades dans les forêts de pins, voir les petits bols qui recueillaient la sève, et attendre impatiemment de boire « l'antésite » ou le jus de pommes que nous transportions dans de grands bidons en plastique.

J'avais un voisin de lit qui, pendant la sieste, ne cessait de m'embêter en me montrant son « zizi ». Quand j'en ai eu marre, je lui ai « volé dans les plumes », mais les autres gamins me sont tombés dessus. Heureusement, Jean-Marie était avec moi et vint à ma rescousse. En peu de temps, nous avions ramené le dortoir à la raison après une bagarre mémorable. Quand j'y repense, je me demande pourquoi ceux qui avaient la responsabilité de veiller sur nous ne sont pas intervenus. Comme vous le constatez, mes souvenirs de colonie se résument à peu de choses.

## IX
## Le creux de la oulette

Lorsque nous avions des invités qui venaient à Montchouvet pour la première fois et que nous en avions le temps, nous les emmenions visiter le Creux de l'Oulette, à seulement 5 min de route. Avant ma naissance, le moulin qui surplombait la cascade appartenait à ma tante Alice et à son mari. Ma mère y fit de nombreux séjours et eut souvent l'occasion de faire visiter ce site aux touristes, leur contant les différentes légendes qui l'entourent. Je ne saurais compter les fois où, des années plus tard, nous sommes allés visiter en famille cette curiosité touristique. Inutile de vous dire que, chaque fois que nous y venions, nous avions droit à ces récits. Installés sur la plateforme de granit qui surplombe la chute, nous écoutions ma mère raconter ces légendes. Et nous avions sous les yeux, gravées dans la pierre, les « preuves de l'authenticité » de ces récits imaginaires. L'érosion fait bien les choses !

Je suis triste de constater qu'aujourd'hui il est impossible de se rendre sur cette plateforme qui fait partie d'une propriété privée. Peut-être est-ce pour des raisons de sécurité : une chute pourrait être mortelle. Il est possible toutefois de voir la cascade et le Creux de l'Oulette en suivant un chemin balisé tout à fait accessible.

J'imagine que vous attendez le récit des légendes rattachées à cette cascade. Sachez cependant qu'il en existe différentes variantes. Je vais donc vous raconter celles qui ont bercé mon enfance.

Il était une fois deux jeunes filles qui vivaient avec leurs parents au moulin des Plats. L'une d'elles était très coquette, allant jusqu'à vernir ses sabots pour paraître plus belle. La région comptait de nombreux châteaux. Aussi, il n'était pas rare que le fils d'un châtelain, monté sur son plus beau cheval, vienne rendre visite à ces jeunes personnes pour leur conter fleurette. Un jour, la plus coquette reprocha à un joli prince de ne jamais descendre de son cheval pour l'embrasser alors qu'il prétendait l'aimer. Ce dernier lui expliqua qu'il ne pouvait s'approcher d'elle à cause de la croix qui ornait sa « oulette » (quenouille). Il lui proposa cependant de visiter son château si elle acceptait ce jour-là de se débarrasser de sa croix. Il viendrait la chercher à minuit le jour de Noël. Il sembla impossible à la demoiselle d'accéder à sa requête, car toute la famille avait l'habitude d'assister à la messe de minuit. Le jeune homme lui suggéra de se frotter les joues avec de l'oignon pour qu'elles deviennent rouges et que ses yeux se mettent à pleurer, et de faire croire à ses parents, qu'étant malade, il lui serait impossible d'assister à la messe. C'est ce qu'elle fit et le stratagème réussit. Une fois la famille partie, elle sortit dans la nuit. La statue de la Vierge, au-dessus de la porte, gémit à son passage ; dans la cour, le chien se mit à aboyer. Rien ne l'arrêta et la belle fut emportée. Lorsque sa famille rentra, elle ne put que constater sa disparition. Des recherches furent entreprises et l'on retrouva la trace de ses pas et celles du cheval sur la roche et, tout en bas de la cascade, la croix de la oulette qui flottait. C'est ainsi qu'on en conclut que le Creux de l'Oulette est la porte de l'enfer, car ce beau prince était le Diable.

Selon une autre légende, le fils du meunier, qui n'avait jamais un sou en poche, fit un pacte avec le Diable : s'il cassait une croix lors de chaque Vendredi saint entre les 12 coups de minuit, il aurait toujours de l'argent dans ses poches. Mais voilà, lorsqu'il cassa sa première croix, la terre se fendit sous ses pieds et ainsi se forma la cascade du Creux de l'Oulette.

Je ne puis m'empêcher de vous conter une dernière légende qui fait partie de mon « patrimoine ».

Il était une fois un orphelin qui travaillait chez un papetier. Près d'Ambert, vous pouvez découvrir la vallée de « l'Agre » (l'eau en patois). Dans cette vallée se trouvaient de nombreux moulins à papier (dont le moulin de Richard de Bas encore en activité aujourd'hui). Ce pauvre garçon travaillait dur du matin jusqu'au soir et ne recevait pour tout salaire qu'une maigre pitance. La nuit, il était enfermé dans un placard et n'avait pas le droit de quitter le moulin. Un jour que le Diable passait par là, il l'entendit qui disait que, si le Diable lui-même pouvait venir le chercher pour l'emmener à la foire, il le suivrait.

Et il vint ! Le garçon le vit s'approcher et lui faire la proposition suivante : si le meunier te refuse encore d'aller à la foire d'Ambert, tu n'auras qu'à dire : « Moulin tourne, vire et chavire ! ». Et sois sûr que le meunier te permettra d'y aller. Toutefois, dans un an, je viendrai te chercher.

Le jour de la foire arriva et, devant le refus du meunier, le garçon prononça la formule magique : « Moulin tourne, vire et chavire ! ». Voilà que le moulin se mit à tourner à l'envers, la pâte à papier se répandit sur le sol et fut perdue. À partir de ce jour, le meunier autorisa le jeune homme à sortir chaque semaine. Mais voilà, une année passe très vite et, comme convenu, le Diable se présenta pour emmener le jeune homme. Il se baissa et lui demanda de monter dans sa besace. Le jeune garçon ne tenait pas spécialement à se retrouver en enfer, aussi mit-il le chien du papetier dans la besace. Le diable, sentant que son sac s'était alourdi, partit sans se retourner et lorsqu'il vida sa besace dans l'enfer, le chien se mit à mordre tous ceux qui s'y trouvaient, créant un grand désordre. Depuis ce jour, le Diable n'a plus jamais mis de papetier en enfer.

# X
# Mes dix ans

Une des raisons qui faisaient très souvent dire à mon père que nous étions « nés sous une bonne étoile », c'est que, comme je l'ai déjà évoqué, lorsqu'il a eu dix ans, sa mère est morte et qu'à partir de ce jour, il fut placé chez les paysans pour gagner sa croûte. Je ne sais à quel âge je l'ai décidé, mais une chose est sûre, je me suis juré qu'à dix ans j'irai travailler moi aussi. Quand je les ai atteints, j'ai demandé à mes parents de me trouver un employeur pour les grandes vacances.

C'est ce qu'ils firent. Ainsi, les classes terminées, je me suis retrouvé employé chez deux femmes, des veuves, la mère et la fille. Elles auraient pu être ma mère et ma grand-mère. C'était à la Chapelle-en-Lafaye, un village d'une bonne centaine d'habitants, à deux kilomètres de Montchouvet. Leur grande maison se situait en face de l'église, au carrefour de la route qui va de Saint Bonnet-le-Château à la Chaulme et de celle qui va à Joanziecq. Elles tenaient une petite épicerie et un bar, faisant de temps en temps auberge pour deux clients au maximum.

Je devais m'occuper de leurs deux vaches, les emmenant certains jours dans les communaux et les surveillant de près pendant qu'elles paissaient. Dès le premier jour, je reçus la mission de remplir un énorme tonneau de « babets ». Chaque fois que j'allais en champs, j'emportais donc un grand panier d'osier que j'emplissais de pommes de pin. Je me revois vider mon premier panier dans le tonneau : c'était comme si je n'avais rien versé. Je me suis demandé si j'arriverais à remplir ma mission d'ici la fin des vacances. Toutefois, panier après panier, le tonneau fut entièrement rempli.

En plus de garder les vaches, j'accomplissais de petites tâches, comme aider à garnir les étagères de l'épicerie, essuyer la vaisselle, etc. Ces deux femmes étaient très gentilles avec moi.

Je voyais ma famille tous les dimanches quand ils venaient à la messe. Ce jour-là, j'avais beaucoup de travail, car, avant même que la messe se termine, la salle du café était pleine de clients et je devais aider mes patronnes qui ne savaient plus où donner de la tête, cela d'autant plus que quelques femmes venaient aussi faire des courses à l'épicerie.

Quand je gardais les vaches, je voyais parfois ma famille passer en voiture, allant se promener. Je dois vous avouer que, dans ces circonstances, il m'était dur de ne pouvoir aller m'amuser avec mes frères et sœurs. Parfois, j'avais de la compagnie : deux fillettes qui devaient avoir mon âge. Une était la fille d'un paysan dont la ferme n'était pas très loin de la maison de mes patronnes. L'autre vivait à Paris, mais venait en vacances dans sa famille. Elles devaient avoir le béguin pour moi. Je l'ai compris le jour où, jalouses l'une de l'autre, elles se sont « crêpé le chignon » devant moi. Je ne vous raconte pas le spectacle : elles se tiraient les cheveux, se pinçaient, se mordaient… Je vis des jupons, des cuisses et des culottes ! Je n'imaginais pas à l'époque avoir un tel pouvoir de séduction sur la gent féminine, j'étais bien loin de tout cela.

Un jour, je devais emmener les vaches dans un pré qui se trouvait à bonne distance sur les hauteurs. Averti que mes bêtes avaient l'habitude de « lever le cul » lorsqu'elles arrivaient dans ce pré, je devais me montrer très vigilant. Hélas, ces deux rosses me prirent de vitesse et, à peine arrivées au pré, les voilà parties le derrière en l'air à toute vitesse, dévalant la pente, sautant dans un champ de seigle qu'elles piétinèrent en le traversant, avant de retourner directement à l'étable. J'en fus quitte pour y revenir et les conduire dans les communaux tout proches.

Cependant, lors de la fête du village, je pus goûter aux avantages de ma situation. En effet, une kermesse étant organisée en faveur des bonnes œuvres de la paroisse, mes patronnes me donnèrent assez d'argent pour jouer à tous les stands sans aucun problème.

« Gaston » était toujours là. Vous vous souvenez ? La tasse en mille morceaux, au milieu de la cuisine, c'était là. Un autre jour, c'était un verre…

Un jour, mes patronnes voulurent nettoyer le placard où étaient rangés les verres du bar. J'aidais à le vider, rangeant soigneusement chaque verre sur les marches de l'escalier qui menait aux chambres. Elles m'avaient demandé de laisser libre un passage pour pouvoir monter à l'étage en cas de besoin. Et justement, nous avions besoin de chiffons propres pour essuyer les verres avant de les remettre en place. Je fus chargé d'aller les chercher. Lorsque je redescendais, j'avais l'habitude de me pendre par les mains au plancher des chambres et de sauter en bas. C'était plus rapide que de descendre les marches. Ce que je n'avais jamais réalisé, c'est que mes pieds rasaient les escaliers. Et ce jour-là, catastrophe ! J'ai ramassé les verres au passage dans un grand bruit de vaisselle cassée. Pendu par les mains, je n'osais plus sauter. La suite, vous la devinez, je me suis fait houspiller : « Cela sera retenu sur ton salaire ! Etc. ». Heureusement, ces verres étaient solides, il n'y eut que peu de dégâts et ces femmes très gentilles ne retinrent rien du tout.

À la fin des vacances, je suis rentré à la maison, pas peu fier de ramener ma paye, de gros billets comme je n'en avais jamais eu en main. Ma mère prit l'argent, le rangea… Et je n'en revis jamais la couleur ! Malgré ma « bonne étoile », ma récompense se volatilisa.

# XI
# Clairville

En septembre 1961, toujours l'année de mes dix ans, nous avons emménagé dans un nouvel appartement à Clairville. Deux immeubles venaient d'être construits dans un parc qui se situait juste au-dessous du lycée du Portail-Rouge. Il y avait une centaine de logements, et le nôtre se situait au rez-de-chaussée de l'allée numéro 7. Comme le terrain était très pentu, les fenêtres du côté sud se situaient plus haut qu'un premier étage. Notre logement était beaucoup plus grand que le précédent (Bernard, le sixième enfant, avait déjà 5 ans). En entrant, tout de suite à gauche, la cuisine, sa fenêtre donnant sur le parking. En face, un couloir avec, toujours à gauche, les WC, la salle de bains et la chambre de Bernard et Alain. Côté droit au fond du couloir, la chambre que je partageais avec Jean-Marie. Face à la cuisine, la chambre des parents, et tout à droite, donnant sur le vestibule, la salle à manger, la plus grande pièce de la maison, avec une porte donnant sur un grand balcon et une autre donnant accès à la chambre des filles. Cette répartition des chambres changerait au cours du temps.

C'est dans cet appartement, la semaine de notre emménagement, que, dans la peur, j'allais comprendre ce qui se passait lors de mes nuits d'angoisses. Un soir, alors que mon père tardait à rentrer du travail, ma mère, en compagnie de Ghislaine, nous prépara à ce qui allait se produire. Elle nous expliqua que mon père s'était sans doute arrêté en rentrant du travail au café « Brenier » et qu'il serait saoul. Nous devrions rester sages jusqu'à qu'il se mette à table et attendre le moment fatidique où il tomberait en syncope. Là, il faudrait aller à toute course chercher des voisins déjà avertis, pour qu'ils viennent nous aider.

En effet, mon père rentra du travail complètement ivre. La bouche pâteuse, il avait du mal à s'exprimer. Il ne marchait pas droit. Ayant fini notre repas, nous avions laissé son assiette sur la table. Nous l'avons aidé à s'asseoir devant elle et attendions le moment crucial. Cela se produisit très vite, et la java commença. Je courus chez Marand, trois étages au-dessus, pour que le père vienne nous aider. Jean-Marie, Danièle, Ghislaine firent de même avec d'autres voisins. Dès que ce fut possible, nous le transportâmes dans son lit et le déshabillâmes. Il était toujours inconscient. Ensuite, la crise commença. Ses muscles se tendirent et nous devions le maintenir couché. Il criait, c'était un cri de douleur, ses yeux se révulsaient. Il déployait une force terrible. Jean-Marie et moi devions aider à le maintenir. Nous utilisions toute notre vigueur juvénile pour cela. Puis, au bout d'un moment, environ quinze minutes, ses muscles se relâchèrent, il se retrouva dans un état de semi-conscience et se mit à parler : « Qu'est-ce qui m'arrive ? Pourquoi vous êtes là ? » – « Tu as eu une syncope, ces voisins sont venus nous aider pour te mettre au lit ».

« As-tu soif ? » Cette question n'était pas anodine, il fallait lui faire boire des gouttes pour l'endormir, mais il les refusait chaque fois que nous les lui proposions. En lui faisant boire un verre de vin, nous pouvions ajouter 20 ou 30 gouttes. Ensuite, les muscles se tendaient et nous voilà repartis pour 10 ou 15 minutes d'efforts intenses.

Lors de l'accalmie suivante, il se mit à délirer. Il parla de sa mère, de sa petite sœur, ces êtres qu'il avait perdus alors qu'il n'était qu'un enfant. Il se mit à pleurer comme un gamin. Il fallait le faire boire, mais il refusa. Nous devions attendre l'accalmie suivante. 60 gouttes, la java continuait, 90 gouttes… les heures s'écoulaient. 120 gouttes…

Enfin, il s'endormit. Nous étions exténués. Il devait être deux heures du matin et, dans peu de temps, il faudrait aller, qui à l'école, qui au travail. Lui ferait le tour du cadran et même plus, il ne se lèverait que le surlendemain. Quand viendrait le soir, tout pouvait recommencer. Il était capable de faire deux à trois crises par semaine.

Il arrivait aussi qu'après une syncope, il se réveillât dans un état apparemment normal, conscient, quoique toujours sous l'emprise de l'alcool. Il se fâchait alors de voir la maison pleine de voisins. Après quelques explications, ces derniers s'en allaient, mais jamais trop loin, car ils savaient que ce n'était que partie remise. Dès que mon père s'écroulait, tout le monde rappliquait et la valse recommençait.

Mon père était alcoolique. Cependant, il y avait plus grave. Quelques années auparavant, alors qu'il souffrait de l'abdomen, une opération de l'estomac fut décidée. Au cours de l'intervention, le chirurgien s'aperçut qu'il n'avait aucun problème à l'estomac ; en revanche, il avait de gros calculs dans la vésicule biliaire. Notre malade subit donc le lendemain une ablation de la vésicule. Malheureusement pour lui, il eut un choc opératoire avec, pour conséquence, le blocage de plusieurs centres nerveux. N'ayant plus de vésicule, lorsqu'il buvait, il atteignait des taux d'alcool très élevés : l'alcool ingéré passait directement dans le sang. Voilà pourquoi il faisait des crises de nerfs si violentes. Ayant dans ces moments-là une force terrible, il était capable de vous transpercer le poignet s'il l'attrapait entre ses doigts devenus semblables aux serres d'un aigle sur sa proie. Lorsqu'il tombait en syncope (il devait s'agir d'un coma éthylique) et que tout se passait « bien », les choses se déroulaient comme décrit plus haut.

Quand ça se passait mal (pour lui et pour nous !), il partait en crise avant que les voisins n'arrivent pour nous aider à le maîtriser et à le coucher. Donnant libre cours à sa colère, et ses nerfs générant une force surhumaine, il faisait preuve d'une violence inouïe. Un jour, il cogna si fort le mur avec son poing que la marque de ses phalanges y resta gravée. Une autre fois, il asséna un tel coup de poing sur le buffet du couloir que la planche du dessus se fendit sur toute sa longueur. En une autre circonstance, il frappa si fort sur la table qu'elle réagit comme un ressort, bondit sur ses pieds et se démonta en retombant.

Certains jours, il s'en prenait à nous. Je me revois courir dans la nuit en compagnie d'Alain, entrer dans une allée voisine et monter au dernier étage, tout tremblants de peur. Nous l'entendions crier sur le parking de l'immeuble. Prenant mon courage à deux mains, je frappais à une porte pour demander asile jusqu'à ce que la situation soit maîtrisée. Je dois vous dire qu'à chaque fois que nous avons appelé des voisins à l'aide, nous avons toujours trouvé des personnes gentilles et compréhensives. Cette nuit-là, ils nous ont fait boire un verre d'eau et nous ont rassurés. Le lendemain, nous reprenions le cours de notre vie comme si de rien n'était. En effet, pour survivre, le cerveau de l'enfant peut déconnecter certaines de ses parties, oubliant le traumatisme vécu pour un temps et favorisant la résilience afin de continuer d'exister.

Quand je repense à notre grande salle à manger, j'ai le souvenir des batailles d'élastiques organisées avec mes frères. Je ne sais comment, nous en avions récupéré une grande quantité. Alors que mes parents étaient absents, nous servant des chaises et de la table, nous nous faisions des camps retranchés. Nous utilisions des règles en bois de quarante centimètres en guise de carabines à élastiques. Chaque fois que le projectile atteignait le visage d'un adversaire, nous entendions des « aïe » ou des « ouille », ce qui ne nous empêchait pas de jouer pendant des heures. Il fallait parfois faire une trêve pour récupérer des munitions dans toute la pièce. Dès que les parents s'annonçaient, nous nous dépêchions de tout remettre en ordre.

Une nuit, j'ai traversé la pièce en vol plané. J'étais quelque peu gourmand, notamment du chocolat en poudre « Banania » et des

« langues de chat », hum ! Aussi quand nous entamions une boîte de chocolat ou un paquet de gâteaux, il m'arrivait de venir en « voler » la nuit. Comme je veillais souvent très tard pour lire, quand tout était silencieux et que la maisonnée était profondément endormie, je me levais et, en faisant le moins de bruit possible, la plupart du temps à quatre pattes, j'allais dans la salle à manger. Je devais passer devant la chambre de mes parents, traverser la pièce et ouvrir le placard avec le moins de bruit possible pour me délecter de quelques biscuits ou de quelques doses de chocolat en poudre.

Ce soir-là, j'étais parvenu silencieusement, du moins je le croyais, à la porte de la salle à manger quand je reçus un grand coup de pied au derrière qui me fit décoller et traverser la pièce en vol plané. Inutile de vous dire que je n'ai pas demandé mon reste, retournant dans ma chambre en me faufilant devant mon père à toute vitesse pour ne pas recevoir une gifle au passage. Je fus vacciné à vie de mon envie nocturne de chocolat en poudre.

Clairville, c'était aussi le parc, théâtre de bien des jeux, car, dès que j'en avais la permission, j'allais jouer dehors. Il y avait une centaine de foyers dans ces logements sociaux, et donc, une ribambelle d'enfants de tous âges. Le parc était très grand, avec de nombreux arbres et, dans une partie rocailleuse, une grotte qui abritait une source d'eau. Avec le temps, il fut aménagé par les locataires qui avaient formé une association et créé un centre social dont ma mère fut la présidente pendant des années. Un petit terrain de football trouva sa place tout en bas du parc. Sur une des terrasses réalisées, au niveau de l'immeuble du bas, il y avait un bac à sable, des balançoires, un tourniquet et un pas de géant. Plus haut, sur celle qui se trouvait sous nos fenêtres côté sud et où, à l'époque, les voitures ne pouvaient pas se garer, il y avait des balançoires et un deuxième tourniquet.

Nous aimions jouer aux cow-boys et aux Indiens. Il faut dire que c'étaient les débuts de la télévision. Quelques foyers en avaient une, aussi, lorsque c'était l'heure de « Rintintin » ou d'« Aigle Noir », nous nous retrouvions à une dizaine de gamins assis par terre devant la télé d'un voisin. Le film à peine terminé, nous revoilà dehors poussant des cris de Sioux. Nous formions deux bandes (en ce qui me concerne, j'ai toujours été un Indien). Le chef des cow-boys était Louis Lafond : normal, il avait un pistolet magnifique ! Le chef des Indiens était son frère Dany. Lorsque les deux bandes s'affrontaient, il fallait voir les roustes que les deux frères se mettaient.

J'aimais aussi jouer avec des pétards. Comme beaucoup d'enfants, je suppose, un de mes plaisirs était de les faire exploser dans les boîtes aux lettres qui faisaient caisses de résonance, ou encore sous des boîtes de conserve pour les voir sauter en l'air. Lorsque mes fonds étaient au plus haut, j'en achetais une belle quantité, prenais avec moi de la ficelle et allais sur la route de Rochetaillée, puis je montais sur les hauteurs où je pouvais trouver des roches saillantes et déchiquetées. Dans les trous des rochers, j'insérais des paquets entiers de pétards, reliant toutes les mèches ensemble avec ma ficelle, puis je craquais une allumette et me mettais à l'abri, attendant impatiemment l'explosion : Bang ! Pan ! Pan ! Pan ! La plupart du temps, la majorité des pétards explosaient en même temps : Bang ! projetant dans l'espace les pétards qui n'avaient pas explosé et qui pétaient en vol ; Pan ! Pan ! Pan ! Cela ressemblait à un coup de canon, suivi de coups de mitraillette, pour notre plus grand plaisir.

Et puis, certains jeudis, il y avait le patronage des filles. Régulièrement, les religieuses qui s'en occupaient les emmenaient en promenade sur les coursières juste au-dessus de la route de Rochetaillée. Il fallait voir le défilé bien ordonné de ces fillettes en rang par deux qui marchaient en chantant. Pour nous, la tentation était trop grande. Nous nous cachions dans les buissons, juste au-dessus du chemin et à leur passage, nous allumions des pétards que nous leur jetions dans les jambes. J'étais un spécialiste du lancer de pétard. Vous pouvez aisément imaginer la débandade qui s'ensuivait, les chants étant remplacés par de hauts cris. Ah ces « garagnas » !

Si cela peut vous rassurer, j'ai été bien puni, le jour où un pétard m'a explosé entre les doigts. Je peux vous dire que ça fait mal. Ce jour-là, j'avais récupéré un pétard qui n'avait pas explosé. J'ai voulu le lancer bien que la mèche soit très courte. Et pan ! Je ne saurais vous décrire la douleur intense au bout de mes doigts. Et pourtant, je n'ai pas pour autant cessé de lancer des pétards… !

Dans le parc poussaient quelques arbres fruitiers : un poirier, un cerisier, des néfliers. Mais ne pensez pas que vous auriez pu vous délecter de quelques-uns de leurs fruits : ils n'avaient pas le temps de mûrir. Il y avait toujours un enfant pour les cueillir encore verts, de peur qu'un autre les cueille avant lui. Cependant, le cerisier faisait exception. Eh oui, cet arbre était particulier : il n'avait pas de branches à moins de six mètres. De plus, la cime était fragilisée, car un pic vert avait creusé son nid dans le tronc à ce niveau. Je ne me sentais donc pas très à l'aise dans les branches hautes, craignant toujours que le tronc casse, et m'expédie huit mètres plus bas. Mes frères et moi étions en fait les seuls gamins à y grimper. Aussi attendions-nous patiemment que les cerises mûrissent pour y monter. Ces jours-là, il y avait souvent foule au pied de l'arbre : « Soulier, envoie-moi une branche ! Soulier, s'te plaît, une branche ! ». Il nous arrivait parfois d'en casser un bout et d'en manger quelques fruits avant de leur jeter ce qui restait. Lorsque le rameau arrivait en bas, c'était la foire d'empoigne. Une fois rassasiés, nous redescendions, assurés que personne ne viendrait cueillir les cerises qui restaient.

Lorsque venait l'hiver, nous faisions de la luge dans le pré du docteur. Le « parc du Docteur » était une propriété adjacente au parc de Clairville. La maison et les jardins étaient séparés de « notre » parc par un grand pré en pente raide. Nous avions des jeux favoris : il y avait ce que nous appelions des « bobs ». Il s'agissait de trains de luges attachées les unes aux autres. Le conducteur de la première guidait ce train qui, une fois lancé, était difficile à arrêter. Je me souviens d'un jour où le bob alla s'encastrer dans un buisson de ronces. Le conducteur avait un gros chien qui entreprit de tirer les gamins les uns après les autres et finit par retrouver son maître profondément enfoui dans les ronces.

Mais le jeu que je préférais était une course de vitesse dont les règles étaient les suivantes : nous formions deux équipes ; les luges les plus rapides partaient en dernier. Nous étions à deux par luge : le lanceur de boules de neige, sa réserve de boules devant lui, était assis à califourchon sur le conducteur, lui-même à plat ventre. Nous avions le droit de renverser les luges que nous rattrapions, et leurs occupants celui de reprendre la course. Je faisais la plupart du temps équipe avec un ami qui avait une des luges les plus rapides. C'était une luge à skis, très basse. De plus, j'avais appris à diriger ma luge sans jamais freiner, la faisant sauter avec les bras pour la faire tourner. Quand je rattrapais une luge de l'équipe adverse, je l'attrapais par l'arrière et la faisais basculer. Quelquefois, je recevais des boules de neige dans la figure. Combien de fois notre équipe a gagné la course !

Un jour, nous avons voulu bâtir un grand tremplin. Jusque-là, nous édifiions des tremplins en neige. Mais c'était long et fastidieux : ils étaient petits et ne tenaient pas longtemps. Nous avions trouvé une belle planche et un rondin. Mettant l'une sur l'autre, nous avons tout recouvert de neige. Il était beau et haut notre tremplin ! Qui allait l'essayer ? Évidemment, il y avait « Gaston », casse-cou par nature. Et me voilà parti sur ma luge, toujours à plat ventre, prenant un bel élan ! Le tremplin m'expédia haut dans les airs et la luge commença à se désolidariser de moi. Je ne l'ai pas lâchée, mais, à la retombée, le choc fut violent : le bas de la luge heurta mon abdomen, ma poitrine entra en collision avec les lattes, et j'en eus le souffle coupé. J'ai gardé en souvenir de cette réception de nombreuses petites traces violacées sur la poitrine. Nous avons démonté le tremplin, personne ne voulant plus s'y risquer.

Une année, aux beaux jours, nous avions trouvé un vélo, euh ! les restes d'un vélo. Il y avait le cadre, les roues, les pédales, le guidon. Manquaient les freins, la chaîne, la selle, et les boulons tenant les roues. N'oubliez surtout pas que, de la plate-forme juste sous nos fenêtres jusqu'au petit terrain de football tout en bas du parc, il y avait une belle descente. Alors, quoi de plus facile que de se mettre debout sur les pédales et de se lancer dans la descente, grisés par la vitesse ? Juste avant d'arriver au talus qui surplombait le terrain de football, un chemin remontait sur la droite et permettait de s'arrêter sans avoir besoin de freiner.

Bien sûr, ce fut beaucoup plus marrant de faire la descente à deux, le deuxième assis sur le guidon. Encore plus amusant, avec un troisième assis sur les épaules du conducteur. Et bien plus, à cinq, avec deux autres, chacun un pied sur la fourche arrière agrippé aux premiers…

… Jusqu'au jour où l'un d'entre nous émit l'idée que ce serait plus drôle encore de descendre tout droit sur le terrain de football. Aussitôt dit, aussitôt fait. Nous n'avions cependant pas prévu qu'au moment où le vélo sauterait le talus, la roue avant, qui n'était pas fixée, se détacherait. Imaginez la suite ! La fourche avant s'est plantée dans le sol et nous sommes tous tombés les uns sur les autres en une spectaculaire culbute. Il y eut plus de peur que de mal et, pour finir, une grosse rigolade.

Dans notre parc, il y avait de grands marronniers. Quand c'était la saison, nous faisions de belles récoltes de ces marrons qui ne sont pas comestibles. Nous les conservions dans des cartons placés dans des arbres à des endroits « stratégiques » pour nous en servir lors de batailles rangées entre Indiens et cow-boys. Toutefois, ce n'était pas leur principal usage. Notre parc se situait sur le chemin des élèves du lycée du Portail Rouge. Pour le contourner, ils devaient parcourir près de 400 m, alors qu'en le traversant, ils n'avaient plus que 150 m à parcourir, la plus grande partie de cette distance étant constituée d'escaliers. Seulement, voilà : c'était « notre » parc et nous mettions un point d'honneur à les empêcher de le traverser (nous étions de petits bandits !). Ceux qui s'y aventuraient se retrouvaient pris en embuscade sous une avalanche de marrons. Rares étaient les courageux qui réussissaient à passer.

C'est dans ces années-là que j'ai pris goût à la lecture. Cela a commencé à l'école, à partir de la sixième, car je restais à l'étude du soir. J'y faisais mes devoirs. Toutefois, nous avions la possibilité de prendre des ouvrages à lire dans une petite bibliothèque. Je me régalais avec la « bibliothèque verte » et des séries comme « le club des cinq », « Michel », etc. Au centre social de Clairville, il y avait aussi une bibliothèque et je suis rapidement devenu un dévoreur de livres, capable d'en lire un par jour en dehors de mes horaires scolaires. Ce fut notamment le cas lorsque je me retrouvais seul dans la chambre, mon frère étant en pension. Je veillais très tard pour lire. Quand mon père se levait la nuit pour aller aux WC et voyait la lumière sous la porte de ma chambre, il me disait d'éteindre et de dormir. Très vite, j'appris à calfeutrer ma porte et à éteindre la lumière dès que j'entendais son lit grincer, pour la rallumer dès qu'il se recouchait. Bien sûr, c'étaient les nuits où il n'y avait pas de « samba » à la maison.

# XII
# Le chemin de l'école

J'allais toujours à l'école de Valbenoîte, même si je devais faire un kilomètre à pied en prenant la coursière. Ah cette coursière ! Elle restera le théâtre de bien des aventures.

Près de l'école, il y avait un petit passage, un couloir proche des cuisines. D'un côté, c'était la cour des grands, de l'autre, les bords du Furan. La coursière longeait cette rivière qu'une passerelle étroite traversait une cinquantaine de mètres plus loin. En fait de rivière, il s'agissait plutôt d'un égout à ciel ouvert dont les eaux pouvaient couler rose, vert, jaune ou violet. Des détritus jonchaient ses berges et c'était un lieu de prédilection pour la chasse aux rats, car ce territoire était fort « giboyeux ».

Nous croisions souvent sur notre chemin un homme, un marginal que nous appelions « le fou ». Il s'amusait à nous effrayer et, en ce qui me concerne, j'en avais très peur. Voilà qu'un jour l'homme bloquait la passerelle : mon copain, le Dédé, plus courageux que moi, prit ses jambes à son cou et passa à toute vitesse devant « le fou » qui poussa un grand cri à son passage. Moi, j'hésitais, mon copain m'attendait un peu plus loin, pourtant je n'osais passer. Finalement, je décidais de traverser le Furan à gué : m'enfonçant dans la vase nauséabonde, mais galvanisé par la peur, je réussis à traverser et à remonter sur l'autre rive. Je dégoulinais d'eau sale et mon short, mes chaussettes, mes chaussures, étaient couverts de fange, répandant une odeur pestilentielle. C'est ainsi que je parcourais le kilomètre me séparant de chez moi. Je n'oublierai jamais cette expérience qui me laissa un goût affreux dans la bouche. Pouah ! (Je vous laisse imaginer.) Inutile de vous dire qu'arrivé à la maison je dus me savonner de la tête aux pieds.

Le « Dédé », André, était le fils des patrons du café Brenier (aujourd'hui le Café Rouge) où mon père se saoulait régulièrement. Le sien travaillait à Manufrance, la grande manufacture d'armes et de cycles de Saint-Étienne, et sa mère tenait le café. Comme nous étions dans la même classe, nous parcourions le chemin de l'école ensemble et sommes devenus amis. Ceci fut facilité par le fait que sa sœur aînée allait en classe avec la mienne et qu'elles devinrent également amies.

La coursière avait une portion qui ressemblait à un chemin de chèvres et reliait, par une descente rapide, la rue Crozet Boussingault à la rue des Mouliniers. Elle porte même un nom aujourd'hui : la montée Champollion. Sur la partie basse, il y avait une clôture faite de lattes de bois verticales et pointues maintenues entre elles par du fil de fer torsadé. Ces lattes faisaient, vous l'avouerez, de magnifiques épées. Avec un peu de persévérance, nous arrivions à les dégager de la clôture et pouvions jouer à « Zorro » ou aux « Trois Mousquetaires ». Dédé, mes frères et moi, nous livrions de grands combats, rejoints quelquefois par Abel (j'ignore son nom de famille), un grand costaud qui habitait près de chez nous. Quand nous nous tapions sur les mains, nous poussions de grands cris de douleur et le combat devenait plus acharné. Lorsque la bataille devenait trop violente, nous prenions la poudre d'escampette. Dans ces conditions, il est évident qu'il nous fallait pas mal de temps pour rentrer de l'école.

Sur la droite, tout en bas de la coursière, il y avait un grand mur en parpaings, puis une montée d'escaliers très raide qui permettait de rejoindre la rue Crozet Boussingault. À environ 10 m de hauteur, une plate-forme surplombait la coursière. À votre avis, à quoi pouvait-elle servir l'hiver quand il y avait de la neige ? Eh oui, c'était l'endroit rêvé pour tendre une embuscade. Pour cela, il fallait arriver le premier, se constituer une réserve de boules de neige, quelques petites, mais surtout des grosses de 30 à 40 cm de diamètre. Et quand un enfant passait, il suffisait de bien viser pour qu'il la ramasse sur la tête. Si c'était un copain, je lui permettais de me rejoindre sur la plate-forme, sinon, l'assaillant se retrouvait exposé à une pluie de boules de neige. Je ne me souviens que d'un seul garçon qui réussit l'exploit de monter jusqu'à la plate-forme, mais à quel prix ! Il était en piteux état, tout en pleurs. Ah les jeux des garçons !

Cette coursière fut aussi pour Gaston le théâtre de gamelles mémorables. Je la dévalais la plupart du temps à la course et, comme j'avais de vrais problèmes de proprioception, je butais souvent sur les cailloux qui dépassaient et patatras, soleil !

Quand j'ai connu Dédé, je me suis très vite trouvé confronté au problème de ma situation familiale. Mon ami avait de l'argent de poche, alors, régulièrement, il achetait des bonbons. Nous allions dans un petit magasin qui était aussi un bureau de tabac. De nature généreuse, il partageait avec moi, mais cela me gênait terriblement. Il me fallait absolument de l'argent de poche. Comment en trouver quand on a à peine plus de dix ans ?

# XIII
# Mon argent de poche

Nous étions en CM2, dans une école catholique, donc privée. Séparant notre cour de celle des grands, il y avait une palissade le long de laquelle nous jouions aux billes. Comme j'étais particulièrement adroit, je trouvais l'occasion de gagner un peu d'argent puisque la majorité des élèves étaient des « fils à papa » et avaient donc de l'argent de poche. Je me faisais un plaisir de les « râner », c'est-à-dire de gagner toutes leurs billes. Que ce soit au « carré », au « triangle », à la « poursuite », au « curé », ou à la « pyramide », j'acceptais tous les défis.

**a) Le carré** : Vous dessinez un carré sur le sol et chaque joueur place le même nombre de billes dessus, dans des positions symétriques, une aux quatre angles par exemple. À deux mètres du carré, vous tracez une ligne. Les joueurs se placent derrière elle et lancent la bille avec laquelle ils vont tirer, le plus près possible du carré. Celui qui y parviendra tirera le premier. Si la bille va dans le carré, il faut recommencer. Vous tirez sur les billes du carré ; si vous touchez une bille, vous avez le droit de rejouer. Chaque bille qui sort du carré est pour vous. Si la bille de tir reste dans le carré, vous êtes « chaud » et vous devez donc remettre toutes les billes gagnées dans le carré.

**b) Le triangle** : Vous dessinez sur le sol un triangle et une ligne à deux mètres. Chacun place le même nombre de billes n'importe comment à l'intérieur du triangle près duquel se placent les joueurs.

Ils lancent leur bille en direction du trait sans le dépasser, sinon il faut recommencer. Le plus proche du trait commence à jouer. Deux options se présentent à lui : soit il tire sur les billes du triangle avec les mêmes règles qu'au carré, soit il tire sur la bille de son adversaire. S'il touche la bille de son adversaire, il gagne toutes les billes qui étaient au départ dans le triangle.

**c) La poursuite** : se joue à deux. Vous tracez une ligne et vous vous mettez à deux mètres. Vous lancez au plus près, en veillant toutefois à ne pas être trop près de la bille de votre adversaire. Le plus proche du trait commence à jouer. Il tire sur la bille de son adversaire et ainsi de suite, jusqu'à ce qu'un joueur touche la bille de l'autre. À ce moment-là, celui qui a gagné reçoit la bille de l'adversaire ou un nombre de billes déterminé au début de la partie. Astuce : tirez le plus fort possible, si vous ratez la bille de l'adversaire, votre bille continuera sa course loin de la sienne et il lui sera difficile de vous toucher.

**d) Le tir** : aux trois jeux précédents, il y a quelques règles à respecter ; quand vous tirez, vous n'avez pas le droit d'avancer la main qui doit être posée sur le sol à l'endroit où se trouvait la bille de tir. Si vous êtes droitier, vous pouvez mettre la main gauche, deux doigts appuyés sur le sol, et la main droite sur la gauche, ce qui vous permet de surélever la main de tir et rend ce dernier plus facile. Vous pouvez faire « adresse », c'est-à-dire déplacer la bille de tir sur un arc de cercle, toujours à égale distance de la bille visée, et tirer de cette nouvelle position.

**e) Le curé :** vous creusez un trou dans le sol avec le talon et tracez une ligne à deux ou trois mètres du trou. Vous décidez du nombre de billes que chaque joueur devra lancer en se plaçant derrière le trait. Celui qui mettra le plus de billes dans le trou, ou qui lancera sa bille le plus près du trou, commencera à jouer. Il pourra jouer avec la bille de son choix et deux options s'offrent à lui :

1) tirer pour mettre la bille dans le trou : s'il y réussit, il peut rejouer. Si la bille ressort, c'est à l'adversaire de jouer. S'il y a déjà des billes dans le trou et qu'au passage il touche une bille, il peut rejouer.

2) tirer sur une autre bille pour rapprocher les billes du trou. Chaque fois qu'il touche une bille, il peut rejouer. S'il rate, c'est à l'adversaire. Celui qui met la dernière bille dans le trou gagne toutes les billes.

**f) La pyramide** : « la quatre » : un joueur pose trois billes sur le sol de manière qu'elles se touchent et forment un triangle. Il en met une quatrième dessus, et voilà une pyramide ! Il trace une ligne à deux pas (les plus grands possible). Les tireurs se placent derrière cette ligne et lancent leur bille de façon à toucher la pyramide. Toutes les billes qui ratent la cible vont à celui qui a posé la pyramide. Lorsqu'un joueur atteint la pyramide, il récupère les quatre billes, mais perd celle qu'il a lancée.

La « six », la « dix », etc. Celui qui pose place le nombre de billes requis en pyramide sur le sol. Le nombre de pas pour définir la ligne de tir correspond à la moitié du nombre de billes posées.

La « une pour la quatre », « pour la six », etc. : le joueur qui pose place une seule bille sur le sol. Le nombre de pas pour déterminer la ligne de tir correspond au nombre de billes mises en jeu divisé par quatre.

Mon jeu favori était la pyramide parce que c'était le plus rentable : la « quatre » à deux pas, la « six », la « dix », la « vingt » et même la « cent » à cinquante pas. Je tirais aussi la « une pour la quatre » à un pas, la « une pour dix » à deux pas et demi. Je n'avais peur de rien et il était très rare que je tire plus de billes que j'allais en gagner. Quand j'étais en forme, la première bille faisait mouche. Certains enfants ne voulaient plus que je tire tant qu'ils n'avaient pas rentabilisé leur pyramide. Nous étions souvent plusieurs en rang d'oignons et tout le monde tirait en même temps. Si l'un d'entre eux touchait la pyramide avant vous, vous perdiez toutes les billes que vous aviez tirées.

Quand je tirais la « vingt » et surtout la « cent », j'avais une équipe de ramasseurs de billes. Il faut dire qu'une haie de spectateurs se formait de chaque côté de la ligne de tir. Lorsque j'atteignais la cible, la pyramide explosait et il était impossible, sans cette aide, de récupérer les cent billes.

Quand donc j'avais plumé un joueur, je lui proposais d'acheter mes billes à un prix défiant toute concurrence, souvent la moitié de leur valeur chez le marchand de billes. Je gardais dans une trousse jaune paille l'argent et les billes que je gagnais. En fait, je n'en avais jamais beaucoup, car je les revendais rapidement. J'avais enfin trouvé le moyen de me faire un peu d'argent de poche ! Mais ce n'est pas tout.

Chaque année, fin décembre début janvier, était édité le « calendrier du Père Champagnat ». Les élèves pouvaient le vendre avec un petit bénéfice de dix centimes de franc l'exemplaire. Pour moi, ce fut une aubaine : en effet, j'étais le seul enfant de mon quartier à se lancer dans cette vente. La première fois, j'en commandai environ une dizaine et fis du porte-à-porte en remontant la rue Crozet-Boussingault. Quelle ne fut pas ma surprise de vendre mes calendriers en un rien de temps, certaines personnes me donnant même parfois un pourboire ! Je commandai de nouveaux calendriers et les vendis tout aussi rapidement. Mes professeurs étaient vraiment étonnés lorsque, les années suivantes, j'en commandais trois cents ! Je dus les convaincre en leur expliquant que j'avais un territoire immense dans le quartier de la Métare qui était en pleine expansion. C'était pour moi les « vaches grasses » et il n'était pas rare que ma mère, sachant que j'avais de l'argent, vienne m'en quémander une partie pour faire face à ses « vaches maigres ».

Il y avait aussi le ramassage des myrtilles ou la cueillette de fleurs d'arnica, et même la chasse aux lézards ! En effet, Ghislaine nous avait informés que son école en avait besoin pour les cours de dissection et qu'elle était prête à les monnayer. Alors, avec mon cadet, Alain, qui était déjà mon compagnon de chasse à la vipère, nous nous sommes lancés à la chasse aux lézards gris (facile) et aux lézards verts (beaucoup plus difficile). Nous en avons tellement attrapé que nous n'avons jamais reçu la totalité du salaire escompté.

Nous aimions aller aux escargots : j'apprécie énormément ces petites bêtes, bien préparées, dans mon assiette. Dans la région de Saint-Étienne, nous trouvions surtout des petit-gris.

En compagnie d'Alain, de Gustave Lafond et de son plus jeune frère, nous étions en train de fouiller un parterre d'orties, juste en face des installations de l'E.D.F. au Bernay, pas très loin du terminus de la ligne de trolleybus de La Rivière. Voilà qu'au milieu des orties, il n'y avait pas que des escargots, il y avait aussi des rouleaux de pièces de monnaie et des pièces éparpillées çà et là ! Cela représentait un joli magot pour des enfants de notre âge. Inutile de vous dire que nous avons cessé de chercher des escargots. Après avoir ramassé ce trésor, nous avons coupé à travers la nature sauvage de l'endroit pour rejoindre la route de Rochetaillée, puis nous avons poursuivi notre ascension pour trouver un coin tranquille et faire le partage du butin. L'opération suivante consistait à changer toutes ces pièces en billets. Alors, pour ne pas éveiller les soupçons, nous allions chez des commerçants dans différents quartiers et racontions que nous avions cassé notre tirelire et que nous voulions échanger nos pièces contre un billet, jamais plus de mille francs à la fois : (la pièce d'un franc correspond aujourd'hui à un cent d'euro). Dans ma chambre, à environ 2 m de haut, il y avait un trou pour insérer un tuyau de poêle. Comme nous ne l'utilisions pas, il me fournit une bonne cachette. J'y conservais mon trésor, au fond de la cheminée, dans un sac en plastique attaché à une ficelle que je coinçais avec le cache.

# XIV
# La chasse aux vipères

Selon l'encyclopédie Wikipédia, la **Vipère aspic** est un serpent venimeux qui utilise son venin principalement pour tuer ses proies, mais aussi pour se défendre, parfois contre l'homme, chez qui une morsure peut être dangereuse, voire mortelle dans de rares cas.

Lorsqu'avec Alain nous nous étions lancés dans la chasse aux lézards et en particulier aux lézards verts, nous avions mis en déroute beaucoup de vipères. Elles sont nombreuses dans les maquis qui bordent la route de Rochetaillée. Pour les adolescents que nous étions, la chasse aux vipères est devenue une distraction très excitante. Lorsque nous rentrions à la maison avec notre trophée de chasse, nous dépecions l'animal et faisions sécher la peau sur une planchette. Avec le temps, nous en avions quelques-unes et pensions les utiliser pour décorer nos bâtons de marche. Mais nous n'étions pas des taxidermistes et tout cela n'est resté qu'à l'état de projet : les peaux se sont abîmées et nous les avons jetées.

À propos de cet animal, je peux dire que j'ai eu de la chance. Une première fois à Montchouvet : j'avais voulu déplacer une grosse pierre sur un mur de pierres sèches. Après l'avoir bougée, puis soulevée, je découvris une vipère qui se tortillait. Involontairement, je lui avais écrasé la tête, ce qui m'évita une morsure presque assurée.

La deuxième fois, ce fut lors d'une chasse aux lézards verts. Avec Alain, nous grimpions à travers le maquis entre les deux routes qui montent à Rochetaillée. C'est une montée abrupte et nous marchions à travers les buissons d'épineux, les genêts et la rocaille. Je marchais devant et, arrivant au niveau d'un grand genêt, j'en écartais les rameaux. C'est là que je me retrouvais nez à nez avec une vipère. Pour tout vous expliquer, ce genêt était adossé à un vieux mur de soutènement et, sur les pierres plates du dessus, la vipère se chauffait au soleil. Elle avait dû nous entendre, car elle était dressée sur une vingtaine de centimètres et sa tête se balançait de gauche à droite, à une trentaine de cm, prête à me sauter à la figure. Immédiatement, je m'immobilisais et, lentement, très lentement, refermais le genêt tout en reculant très doucement. Lorsque nous avons fait le tour du genêt, la vipère s'enfuyait déjà, s'enfonçant dans sa cachette entre les pierres. Elle sauvait sa peau, j'avais sauvé la mienne, nous étions quittes.

Comme nous n'avions pas les moyens d'acheter un vivarium, il nous vint à l'idée d'en aménager un dans une vieille lessiveuse au grand désespoir de ma mère. Le jour où nous avons capturé une petite vipère à Montchouvet, c'est là que nous l'avons installée. Éleveurs de reptiles en herbe, nous ne l'avons pas gardée en vie très longtemps.

Ayant remarqué que, s'ils en ont la possibilité, ils ne cherchent qu'à fuir, je ne craignais pas les serpents : il suffit de faire du bruit pour qu'ils s'éloignent à votre approche. De nos jours, c'est un animal protégé, alors que nous le considérions comme un nuisible. Toutefois, je n'ai jamais chassé de couleuvre, car, par suite de l'éducation reçue de mes parents, je la tenais pour un animal utile. Très vite, j'ai su faire la différence entre ces deux espèces de serpents. Pour une même grosseur, la couleuvre est beaucoup plus longue que la vipère. Sa queue diminue de taille progressivement, alors que celle de la vipère est très courte.

# XV
# Jean-Marie

Nous n'avons même pas un an d'écart, et avons partagé la même chambre durant pratiquement toute notre enfance.

C'était mon grand frère, il ne se laissait pas faire et était plutôt fier. Tout petit, il aimait utiliser de grands mots et, dans notre famille, tout le monde se rappelle le jour où, voulant dire que ce qu'il mangeait était délicieux, il déclara avec emphase : « C'est immangeable, c'est une régalation ! »

Il devait à mon humble avis parler d'un riz au lait au caramel, plat qu'il affectionnait par-dessus tout. Mon père ne plaignait pas la nourriture et, un jour, Jean-Marie fit les frais de sa gourmandise. Je souris toujours en évoquant cet épisode. Il avait fini la gamelle de riz au lait, en ayant tellement mangé qu'il est allé directement se coucher. Hélas ! Lorsqu'il a voulu aller aux WC, il a eu un sérieux problème de constipation. Il en avait mal au ventre et vint voir son père en pleurant : « J'arrive pas à faire pipi ni caca » : tout était bloqué !

Petits, nous nous bagarrions souvent (pour des garçons, il est normal de vouloir se mesurer). J'étais très nerveux, et me souviens que, pour jouer, je me couchais par terre, il se mettait sur moi dans la position de son choix et, en quelques minutes, je le renversais et le maîtrisais. Avec les années, les rôles s'inversèrent : devenu beaucoup plus fort que moi physiquement, c'est lui qui était capable de me maîtriser.

Alors que nous habitions encore à Valbenoîte, nous jouions dans le petit bois, à côté du cimetière de la Vivaraize. Il se mit à grimper à un pin et je le suivis. Il commença à me menacer, me donnant l'ordre de redescendre, sinon il me ferait « caca » sur la tête. Mais je ne tins aucun compte de sa menace prononcée à plusieurs reprises. Mal m'en prit : j'étais juste un peu en dessous de lui quand il se déculotta et se soulagea sur ma tête. Je n'ai eu le fin mot de cette histoire que récemment alors que nous évoquions ensemble ces quelques souvenirs d'enfance. En fait, ce jour-là, il avait la diarrhée et, ayant une envie pressante, mais ne voulant pas s'exhiber, il a eu l'idée de grimper à ce pin, se disant que, dans les branches, personne ne le verrait se déculotter. Il était loin d'imaginer que j'allais le suivre dans l'arbre et, ne pouvant plus se retenir, il est passé à l'acte. Je n'en garde qu'un souvenir odorant et aujourd'hui j'en rigole.

Nous luttions pour un rien. Je me souviens que dans le lit il ne voulait pas que nos corps se touchent. Alors, nous partagions le lit en deux, mesurant à l'empan, la ligne fictive que chacun ne devait pas dépasser. Mais j'avais de grands abattis et, inévitablement, en changeant de position, je le touchais. Alors la bagarre commençait. Il s'agissait plus de lutter que de se donner des coups. Lorsque le combat se terminait, le lit était complètement défait et nous soufflions comme des bœufs. Il ne nous restait plus qu'à refaire le lit et essayer de dormir le temps que nos esprits se calment.

Un jour, je l'embêtais en m'amusant à le décoiffer alors que nous marchions côte à côte. Ça n'a pas duré longtemps, car il me mit un coup de poing dans le plexus et j'en eus le souffle coupé. Il me fallut quelques minutes pour récupérer. Je ne me suis plus jamais hasardé à le décoiffer.

Avant sa mue, il avait une voix extraordinaire. Il était soliste à la chorale de la paroisse. Je l'entends encore chanter « Oh nuit... ! » de sa voix qui me donnait le frisson. Il chantait dans l'église de Valbenoîte et les gens se retournaient pour essayer de voir qui avait une voix si pure et si cristalline qu'elle vous transperçait jusqu'à la moelle.

Quand nous étions au lycée de Valbenoîte, Jean-Marie vivait très mal les vexations et le mépris dont nous étions l'objet. Je vous ferai part de ma propre expérience un peu plus loin. Toujours est-il qu'il ne se laissait pas marcher sur les pieds et réglait régulièrement ses comptes avec ses poings. Il avait des copains peu recommandables, ce qui impactait non seulement son comportement, mais aussi ses actions. Comme il ne craignait pas les coups, quand il se battait, il encaissait et guettait le moment où il pourrait asséner un direct décisif. C'est pourquoi il se retrouvait régulièrement collé. Pris sur le fait, il dut copier cent fois la maxime : « La raison du plus fort n'est pas toujours la meilleure ! », ce qui ne l'empêcha pas de récidiver. Rappelez-vous : il était fier !

En raison de ses notes et de son indiscipline, il fut envoyé en pension. La première fois, ce fut au pensionnat catholique tenu par des frères Maristes à Bas-en-Basset, en Haute-Loire. Durant cette année scolaire, il n'eut que des félicitations, il fut même expliqué à ma mère qu'il avait une « vocation » (mouvement intérieur qui pousse à servir Dieu et entreprendre une profession dans un ordre religieux) et qu'il serait approprié de lui faire suivre une formation dans un juvénat (établissement catholique formant des religieux au professorat). Ce dont je me souviens, c'est que durant cette année-là j'avais le lit pour moi tout seul et que, de ce fait, je pouvais veiller tard pour lire sans gêner personne. Je me rappelle également qu'à chaque fois où il venait en vacances, il me demandait de lui prêter des billes, promettant de me les rendre avec intérêt (en billes) lors des vacances suivantes. Je n'en ai jamais vu la couleur : c'était un prêt à fonds perdu ! Rassurez-vous cependant, avec les années, le retour a été bien plus important que tout ce que j'avais pu lui donner. Par exemple, c'est lui qui a payé mon permis de conduire et bien plus encore.

Enfin, même avec sa vocation, il n'avait pas perdu ses talents de bagarreur. Il m'expliqua comment il avait mis une « avoinée » à un gamin qui faisait sa loi au pensionnat, avec les félicitations de l'infirmier qui, habituellement, soignait les victimes.

L'année suivante, il partit donc dans un juvénat à Vals-Les-Bains pour suivre sa « vocation ». Ne vous inquiétez pas, les choses n'allèrent pas plus loin : il y resta une année, sa « vocation » s'étant évaporée. Lorsqu'il revint à la maison et reprit l'école à Valbenoîte, égal à lui-même, il redevint un mauvais garçon.

Il y avait une très grande complicité entre nous. Tout jeune, Jean-Marie était déjà un fin pêcheur à la truite. Durant nos années d'adolescence, nous allions très souvent à la pêche ensemble. Mais ce n'est pas tout, je vous raconterai plus loin nos nombreuses sorties à vélo. Un lien très fort nous unit et nous sommes restés très proches l'un de l'autre tout au long des années jusqu'à aujourd'hui.

# XVI
# Chez Rigodon

Lors des grandes vacances de mes onze ans, je suis allé travailler chez mon oncle, Marius Rigodon, et son épouse Marie, surnommée « la Menie », qui était ma marraine.

Ils n'avaient pas d'enfants et possédaient une ferme au Crozet de Luriecq. Faisant l'élevage de veaux, ils avaient 16 vaches, 3 chèvres, quelques porcs, un poulailler et des lapins. À partir de cette année-là, j'allais passer toutes mes vacances scolaires, tant les grandes que les petites, chez eux, et ce jusqu'en juillet 1968, l'année de mes dix-sept ans. Comme de bien entendu, je ne verrais jamais la couleur de mon salaire, englouti dans les « fontes » maternelles.

Il y a un salaire que je n'ai pas perdu cependant, c'est l'expérience acquise durant toutes ces années. L'été, les journées étaient longues et laborieuses. Il fallait se lever aux aurores pour la première traite. Très vite, j'ai voulu apprendre à traire. Ma tante s'y employa en me montrant d'abord comment traire une chèvre. Elle se servait de ce lait mélangé en égales proportions à du lait de vache pour confectionner des « briques ». Il s'agit d'un fromage local de peu d'épaisseur, rectangulaire, doux et crémeux. Bien évidemment, j'ai appris toutes les phases de la fabrication. Puis j'ai poursuivi ma formation en apprenant à traire les vaches.

Pour son élevage, mon oncle préférait mettre les veaux à téter sous leur mère. Cela diminuait grandement le travail de la traite qui, à l'époque, ne se faisait que manuellement. Quand un veau atteignait environ 100 kilos, nous finissions de l'engraisser au biberon, ajoutant au lait un peu de farine alimentaire. Arrivé à 120, 130 kilos, il était vendu la plupart du temps au marché de Saint-Bonnet-Le-Château où mon oncle avait pour clients habituels des bouchers du coin. Une de mes tâches consistait à mettre les veaux sous leur mère. Je devais aussi donner le biberon et participer à la traite. Régulièrement, mon oncle achetait des veaux d'une semaine pour les engraisser. Rares étant les vaches qui les acceptaient à la mamelle, il fallait les nourrir au biberon.

Les chèvres aussi eurent des petits : trois chevreaux tout blancs, ce qui m'étonnait puisque leurs mères étaient marron foncé. J'étais chargé de m'en occuper. Ils étaient tellement mignons ! Il y avait un petit box à droite, à l'entrée de l'étable, sous la mangeoire des vaches. Je les faisais sortir et les mettais chacun sous la mère qu'ils se mettaient immédiatement à téter avidement en remuant fébrilement la queue. Après la tétée, je les remettais dans leur box, mais j'en gardais un dans mes bras pour le caresser et lui faire des bisous. Son pelage était tellement doux sous mes caresses ! Et pourtant, quand ils furent suffisamment gros, nous en vendîmes deux et mangeâmes le troisième. Il était délicieux.

J'aimais beaucoup traire les vaches, coller ma tête contre leur flanc : c'était chaud et doux. J'aimais aussi m'occuper des veaux, mettre dans leur bouche ma main qu'ils se mettaient immédiatement à téter.

Après avoir nourri les veaux, le lait qui restait était divisé en plusieurs parts : l'une servirait à notre consommation personnelle, l'autre à la fabrication du fromage. Mais la plus grosse partie passait à l'écrémeuse. La crème récoltée était stockée au frais dans de grandes « biches » en grès. Le lait écrémé servait à nourrir les porcs. Ainsi, juste après la traite, ma tante et moi préparions leur nourriture. Nous avions de grands seaux évasés, un pour chaque stalle, et nous y mettions des pommes de terre cuites dans la chaudière, des feuilles de choux crus, des raves broyées, du blé concassé et le lait écrémé qui restait. Je ne vous dis pas le chahut que les porcs faisaient quand ils sentaient l'heure de la pitance approcher ! Ils se dressaient sur leurs pattes arrière pour hurler leur famine. Pourtant, ils étaient bien nourris.

Une fois par semaine, nous sortions la barate pour faire le beurre avec la crème stockée au frais. Il s'agissait d'un récipient en bois de forme tronconique, avec un couvercle rond percé d'un trou duquel sortait le manche du pilon. Quand la crème avait été versée dans la barate, il suffisait de la battre en maniant le pilon de haut en bas et de bas en haut. C'était mon travail, et c'était fatigant, car il fallait parfois battre pendant 30 minutes avant que le beurre se forme. Une fois que le beurre avait pris, il était séparé du babeurre qui serait donné aux cochons. Il était ensuite lavé, puis on confectionnait des molettes de différentes tailles et, avec une cuillère en bois trempée dans de l'eau tiède, on inventait des décorations en relief. Il y avait toujours une molette réservée au curé de la paroisse, les autres étant vendues ou gardées pour notre consommation.

Après la traite du matin, nous pouvions penser à nous et prendre notre petit déjeuner avant d'aller aux champs. Très souvent, j'emmenais les animaux au pré. Mon oncle ne possédait que des petites parcelles, çà et là. Certaines se trouvaient au milieu des bois. Je garde le souvenir de grands moments de solitude en compagnie de mes vaches, de mes trois chèvres et autant de chiens. Couché dans l'herbe, j'écoutais la chanson du vent jouant dans les branches, le crissement des insectes, et l'absence du brouhaha de la ville. Ah ! le silence assourdissant de la nature ! Je le troublais souvent quand je me mettais à chanter, imitant volontairement mon père, même si je ne savais pas trop pourquoi. En effet, combien de fois ne s'est-il pas vanté d'avoir chanté et sifflé si fort, quand il gardait les vaches dans sa jeunesse, qu'on l'entendait à des kilomètres. Je chantais à pleine voix et une petite voisine, Colette, me confia qu'elle m'entendait chanter au loin lorsqu'elle gardait ses vaches elle aussi.

Pour m'aider à garder le troupeau, j'avais la compagnie des chiens (deux ou trois suivant les années). Parfois, je jouais avec eux. Je me souviens d'une jeune chienne en particulier. Je l'avais sauvée en l'épargnant à la naissance, et ma tante m'avait accordé le privilège de lui donner un nom. Je l'avais appelée Mirette. Elle était marron clair. Qu'est-ce que j'ai pu m'amuser avec elle ! Au catch : nous roulions dans l'herbe, je la faisais passer par-dessus moi, la retournant dans tous les sens. Tout en chantant, je la faisais aussi danser, prenant ses pattes avant, une dans chaque main, et la faisant tourner, dressée sur ses pattes arrière. Elle se prêtait à tous mes caprices, mais, quand elle en avait marre, elle me mordillait la main. Ça voulait dire : « ça suffit ! ». Elle me suivait partout. Je me souviens d'un jour où nous étions attablés pour prendre notre repas : elle est montée à côté de moi sur le banc où j'étais assis. Alors je l'ai installée, les deux pattes avant sur le rebord de la toile cirée, assise sur le banc, la queue en arrière. Mon oncle et ma tante rigolaient, nous lui avons donné une « lichette » de pain. Hélas ! aux vacances suivantes, Mirette n'était plus là. Ma tante m'a expliqué qu'après mon départ Mirette restait toute la journée sous la chaudière : elle était devenue folle puis agressive, mordant le facteur, par exemple. Selon ma tante qui dut la faire piquer, je lui avais trop manqué. Cette expérience m'a marqué et beaucoup attristé.

Avant de clore ce sujet, je dois aussi vous parler de mes trois chèvres. Je n'oublierai jamais le jour où elles me firent tourner en bourrique. Les animaux avaient été mis au parc et voilà qu'en regardant dans sa direction, je vois les chèvres, dans le champ du voisin, au milieu des choux et des collets verts. Elles s'étaient glissées sous la clôture. Je prends mon bâton et cours pour les ramener dans le parc. Mais elles étaient malines, elles s'enfuirent dans trois directions différentes. Quand j'en ramenais une, les deux autres s'échappaient et ainsi de suite. Finalement, après un très grand détour, elles rentrèrent à l'étable. J'étais exténué : elles m'avaient fait parcourir des kilomètres et j'étais très fâché. Je dois avouer que ce jour-là je leur ai appliqué quelques coups de bâton. Pas trop fort cependant, parce qu'elles étaient pleines. Lorsque j'expliquais mes déboires à ma tante, elle me donna son secret pour garder les chèvres : avoir toujours sur soi un bout de journal avec du sel dedans. Les chèvres en sont friandes et, comme elles le sentent, elles vous suivent partout. Si vous leur en donnez, elles mangeront même le papier avec.

J'apprenais à mes vaches à marcher en ligne et j'avais toujours à mes côtés une génisse que je pouvais caresser tout au long du chemin. Je connaissais le nom de chacune d'elles. Il y avait Violette, Carline, Normande, Marquise, Tulipe, Blonde, Noiraude… Ayant appris à calculer l'heure avec le soleil, je mesurais, en m'aidant de mon bâton, un pied devant l'autre, la longueur de mon ombre sur le sol. Je savais ainsi quand il était l'heure de rentrer.

D'autre part, mon oncle avait clôturé plusieurs prés. Lorsqu'il avait besoin de mon aide pour faner, moissonner ou faire tout autre travail, soit ma tante s'occupait du troupeau, soit nous mettions les bêtes dans ces parcs.

C'était aussi le cas le dimanche, ce qui nous permettait d'aller à Luriecq le matin pour la messe, et de livrer aux clients habituels beurre, œufs et fromages. Un dimanche, mon oncle me demanda au retour d'aller chercher les vaches au parc. Ce jour-là, il faisait chaud et, pour se protéger des mouches, les vaches s'étaient installées tout en haut du parc, à l'ombre des noisetiers. Je commençais à les appeler : « auch veun ! veun ! ». Quelques vaches commencèrent à descendre. Mais il y avait des récalcitrantes, en particulier « Violette ». J'avais beau l'appeler : « Violette ! veun ! veun ! », rien n'y faisait. N'ayant pas envie de monter jusqu'à elle, je décidais d'envoyer les chiens : « Mirette, va les caire ! ». Mon chien fila chercher la vache et ce fut la cavalcade, car le pré était très pentu. Arrivée près de moi, la vache dérapa et fit un tonneau ou deux avant de se redresser et de prendre la direction de l'étable. J'étais très inquiet. En effet, Violette était pleine et sur le point de mettre bas. J'ai donc expliqué à la Menie et au Marius ce qui venait de se passer. Heureusement pour moi, quelques jours plus tard, Violette mit bas un joli petit veau bien vivant. Ouf ! Je pouvais enfin respirer plus librement.

Après le repas de midi, il y avait la traite, toujours plus rapide que celle du matin ou du soir. Il fallait aussi nettoyer l'étable, enlever le fumier à la fourche et le transporter à l'aide d'une brouette sur le tas qui se trouvait au-dessus de la fosse à purin. Après cela, nous allions chercher de la paille fraîche pour renouveler la litière des vaches. Les premières années, ce travail était au-dessus de mes forces. J'étais aussi chargé de ramasser les œufs, c'était pour moi un moment particulier, car, à chaque fois, je gobais un œuf frais. Il suffisait de percer un petit trou à chaque extrémité de l'œuf, puis d'aspirer le contenu de la coquille. Quand j'en avais le temps, je courais chez les deux autres familles qui habitaient le hameau et m'attendaient avec un œuf à gober : j'aimais tellement ça !

L'après-midi, le travail reprenait : garder les vaches ou aller au champ. Le temps s'écoulait lentement, il y avait toujours beaucoup à faire avant que vienne l'heure du repas que nous prenions vers vingt heures. Le repas terminé, c'était la traite du soir, avec le même programme que le matin. Cela nous menait tard dans la nuit, autour de vingt-trois heures. Nous prenions alors une petite collation de soupe, de pain et de fromage, et allions au lit. Inutile de vous dire que je ne tardais pas à plonger dans un sommeil profond qui se terminait toujours trop tôt à mon goût.

Les plus beaux jours que j'ai coulés dans mon enfance sont sans aucun doute ceux que j'ai vécus chez le Marius et la Menie. Lui ne parlait guère, pourtant, avec le temps, nous eûmes une réelle communion d'esprit. Il me faisait confiance et me traitait comme si j'étais son fils. Il profitait de chaque occasion pour m'apprendre quelque chose sur la façon d'effectuer telle ou telle tâche. Ces années passées à la ferme m'ont procuré une sensibilité et un équilibre certains eu égard à la vie animale. Un éleveur comme Marius aimait ses bêtes et en prenait soin, mais, quand il fallait tuer un animal pour se nourrir, il n'y avait pas de fausse sensibilité. Chaque année, on tuait le cochon, des cabris, des lapins, des poulets, et on emmenait régulièrement des veaux à la foire pour les vendre à la boucherie. Je suis toujours étonné de voir des gens qui ne voudraient jamais tuer un animal, mais apprécient une cuisse de poulet rôti dans leur assiette.

À la ferme, on est confronté à d'autres réalités. À n'en pas douter, cela ferait bondir les « végans ». Ces personnes remettent en question l'élevage des animaux, mais c'est un débat qui nous ramène à Noé et à l'autorisation, reçue du Créateur lui-même, de tuer les animaux pour se nourrir.

Dans une ferme, il n'y a pas que des vaches, des cochons et des poules, il y a aussi des chats et des chiens. Les chats sont nécessaires pour empêcher les rats, les souris et autres nuisibles de s'installer. Les chiens, eux, le sont pour garder les vaches. Ils sont dressés pour ça et savent, lorsque c'est nécessaire, ramener le troupeau ou récupérer l'animal égaré dans les champs de trèfle, dans les cultures de choux ou autres plantes potagères dont il se régale.

Seulement voilà, les chats, les chiens, se reproduisent à la vitesse grand V. Ainsi, lorsqu'une nouvelle portée arrive, que faire de tous ces petits ? Les voisins n'en ont pas besoin puisqu'ils sont confrontés au même problème. En fait, il n'y a pas cinquante solutions, il n'y en a qu'une la plupart du temps : éliminer la portée. Vous sentiriez-vous capables de le faire ?

J'aimerais vous parler d'une situation que j'ai vécue à la ferme pour que vous puissiez mieux comprendre cette réalité.

Quand une chatte s'apprête à mettre bas, elle part se cacher. Et croyez-moi, dans une ferme, il y a bien des endroits où elle peut le faire. En arrachant de sa toison quelques touffes de poils, elle va faire un nid douillet et y installera ses petits. Elle s'en occupera pendant une quinzaine de jours, en s'éclipsant du nid seulement au moment de la traite, pour se nourrir du lait que l'on donne aux chats à ce moment-là.

Au bout de la quinzaine, elle rappliquera avec sa portée. Avez-vous déjà vu des chatons de quinze jours ? Ils ont déjà ouvert les yeux et sont tellement mignons ! Ma tante craquait devant ces petites bêtes et n'avait pas le courage de les tuer. Lorsque je suis arrivé à la ferme, il y avait des chats partout, plus d'une trentaine. Le moment de la traite était devenu infernal. Si vous posiez un seau dans l'allée de l'étable, vous aviez trois ou quatre chats qui venaient s'abreuver en se dressant sur leurs pattes arrière pour boire dans le seau. Quand vous vouliez les faire fuir, les chiens s'en mêlaient et poursuivaient les chats, renversant le seau de lait au passage. Et si par malheur ils attrapaient un chat, ils lui brisaient les reins ! Je me souviens d'un chat qui, ainsi handicapé, s'est traîné pendant des jours avant que nous puissions l'attraper et mettre fin à son supplice.

Qu'auriez-vous fait face à cette situation, sachant que quelques mois plus tard ce n'est pas trente chats que vous alliez avoir, mais peut-être quatre-vingt-dix ou cent ? J'ai pris mon courage à deux mains et procédé à l'élimination de tous les chats en trop. Je n'avais pas d'arme à feu, j'étais bien trop jeune pour cela. Je me suis contenté, au moment de leur repas, de les attraper par la peau du cou et, au risque de me faire griffer, de les mettre dans un sac de jute afin de les noyer.

J'ai dû également, durant cette période de ma vie, supprimer des portées de chiots. Dans ce cas, ils venaient juste de naître, car nous savions où la chienne mettait bas. J'ai réussi parfois à sauver un chiot.

Ma tante m'avait expliqué comment le choisir. Il suffisait de prendre tous les chiots, de les poser à quelques mètres du nid. La chienne venait les renifler puis les ramenait un par un. Vous gardiez le premier choisi dont le sexe correspondait à votre attente.

À la ferme, j'ai encore appris à tuer un poulet, à dépecer un lapin, et cela m'a été utile plus tard lorsque l'on m'a offert des animaux vivants pour ma consommation personnelle, que ce soient des poulets, des lapins ou des pigeons.

Il ne faut pas que j'oublie les taupes, jolies petites bêtes qui vivent sous terre où elles creusent des galeries, et font régulièrement de petits monticules de terre au milieu des champs. Le problème, c'est que, lorsque vous passez une faux ou une barre de coupe dans votre pré, vous abîmez l'une et pouvez casser l'autre. Aussi, mon oncle livrait-il une guerre sans merci à ces animaux : il préparait une mixture composée de vers de terre et de taupicide. Il suffisait de chercher une taupinière fraîche, de creuser jusqu'à la galerie, d'y insérer une petite quantité de ce mélange, de le recouvrir de terre et de recommencer un peu plus loin.

Mais ne pensez pas cependant que je n'aime pas les animaux, bien au contraire, et j'aime m'en occuper. Si ma vie n'avait pas connu de grands bouleversements, je pense qu'à la fin de mes études je serais venu vivre chez mon oncle et aurais peut-être hérité de la ferme à sa mort, puisqu'il n'avait pas d'enfants.

**– L'école de la vie**

La ferme, c'est aussi l'école de la vie. Il faut mener la vache au taureau, ou faire venir l'inséminateur. Mon oncle pratiquait les deux méthodes suivant les veaux qu'il voulait obtenir. Si c'était pour la boucherie, il allait chez les « Redon » qui avaient un taureau de race charolaise. Lui avait différentes races, la majeure partie du cheptel étant de race hollandaise, des pies noires. Il y avait une vache de race normande, « la Normande », une de race limousine, « la Blonde », une de race abondance, deux de race montbéliarde. J'ai donc assisté à plusieurs reprises au spectacle du taureau couvrant la vache, et j'étais impressionné par la longueur de son membre viril. Il fallait aussi mener les truies au verrat et les chèvres au bouc.

À la suite de l'accouplement et après la gestation, il y a la naissance. Lorsqu'une vache va faire le veau, les animaux le sentent, tout est silencieux dans l'étable, il y a une ambiance particulière. J'ai souvent aidé mon oncle dans ces circonstances. Lorsque le veau est petit, cela se passe en général très bien, et je dirais même très vite. Mais lorsque le veau est gros, c'est une autre paire de manches. Je me souviens d'un veau particulièrement gros. De plus, c'était la première mise-bas de cette vache. Dès que les pattes avant sont apparues, nous y avons attaché une corde pour tirer dessus et ainsi aider la vache à expulser son petit. Il y avait danger, et pour le veau qui pouvait mourir étouffé, et pour la vache qui risquait de mourir d'épuisement. Heureusement, je n'ai jamais assisté à un tel drame.

Une autre fois, deux vaches devaient arriver à terme le même jour. L'une d'elles fit son veau quinze jours avant. Il était tout petit. Ce veau, je ne peux l'oublier : une petite femelle que mon oncle voulut garder pour son cheptel. J'eus le privilège de lui donner un nom et je choisis « Tulipe ». Très vite, je lui ai appris à boire. Comment ? Je mis sa ration de lait dans un seau, ensuite, je lui donnai ma main à téter tout en l'amenant lentement dans le seau. Lorsqu'elle commença à aspirer le lait, je retirai délicatement ma main tandis qu'elle continuait à boire, allant jusqu'à vider le seau.

La deuxième vache mit bas quinze jours après terme, son veau était très gros. Tellement gros que Tulipe, qui était née un mois auparavant, était encore toute petite en comparaison.

J'ai également assisté à la mise bas des truies, qui se passe la plupart du temps la nuit. C'était la responsabilité de ma tante, et je lui tenais compagnie. Ces nuits-là, nous prenions chacun un petit tabouret, en fait celui que nous utilisions pour la traite des vaches : une sorte de trépieds dont l'assise est usée et brillante à force d'être polie par l'usage. Nous entrions dans la stalle et nous asseyions en compagnie de la truie. La Menie lui parlait, lui grattait la tête derrière l'oreille. La truie se couchait, se relevait, elle grouinait doucement. C'était amusant à voir, comme s'il y avait une connivence entre l'animal et ma tante.

Quand elle se coucha pour mettre bas, il fallut attendre plusieurs minutes avant de voir apparaître un petit corps tout englué et tout rose. Ma tante prit un bouchon de paille et le frictionna avec vigueur. Très vite, le nouveau-né se mit sur ses pattes et commença à chercher les mamelles. Travail inutile, car la truie ne donnerait aucun lait. Le petit s'approcha de la tête de sa mère qui le renifla et le lécha. Il fallut attendre dix à quinze minutes avant qu'un deuxième cochonnet soit expulsé. Et il en fut ainsi avec le troisième, le quatrième…

Le temps s'écoulait, puis la truie se releva, ses cinq ou six petits tournaient entre ses pattes en couinant. Après avoir grouiné deux ou trois fois, elle se recoucha. Mais ce n'était pas facile avec les petits dans les pattes. Elle était si grosse par rapport à ses rejetons que, si elle se couchait dessus, ils seraient étouffés en un rien de temps. Avec notre aide, elle parvint à se recoucher sans dommage et les naissances reprirent, dix, onze, douze… Ma tante commençait à s'inquiéter. Eh oui, sa truie n'ayant que douze mamelles, si elle faisait plus de petits qu'elle n'en avait, il faudrait nourrir ceux en surplus au biberon. Heureusement ou malheureusement, il était rare dans les premiers jours qu'il n'y eut pas un petit qui se fasse écraser par la mère, ce qui libérait une mamelle et permettait d'arrêter l'allaitement au biberon. Ma tante avait installé dans les stalles une barre de protection sur tout le périmètre. Les porcelets pouvaient passer dessous si la mère se couchait sur eux, ils étaient ainsi protégés. Ce dispositif simple et ingénieux en a sauvé plus d'un.

Lorsque le dernier fut expulsé, les petits étaient déjà tous aux mamelles et c'est seulement à ce moment-là que la truie commença à donner son lait. C'était déjà la foire d'empoigne entre les porcelets, chacun se disputant la meilleure mamelle, mais finalement il n'y eut plus qu'un bruit de succion, tous étant alignés au flanc de leur mère qui grouinait de temps en temps tout doucement. Il ne restait plus qu'à attendre l'expulsion du placenta, que la truie allait manger. C'était pour nous le moment d'aller nous coucher, après avoir passé plus de trois ou quatre heures au chevet de l'animal, las, épuisés, mais heureux d'avoir assisté à ce joli miracle de la vie.

– **Apprentissage**

Curieux par nature, et toujours désireux d'apprendre, je demandais sans cesse à mon oncle comment il faisait ceci ou cela. Certains travaux étaient proscrits pour le jeune garçon que j'étais : question de sécurité. Pourtant, vu mon sérieux et mon application, j'appris très vite à concasser les céréales pour la ration des vaches et des porcs, à manier le hachoir pour les betteraves fourragères, à lier les vaches dressées pour être attelées à un char, ou tirer un autre instrument agricole. Eh oui, c'était encore l'époque où le machinisme était peu développé. Mon oncle avait un tracteur, un Renault D22, un râteau-faneur, et une moissonneuse-lieuse. Cependant, les chemins étaient mauvais, certains prés très humides et en forte pente. Ne pouvant donc pas toujours utiliser ses machines, mon oncle avait recours aux vaches attelées.

J'appris donc à lier les vaches. Un joug de bois permettait d'en atteler 2 ensembles. Une fois posé sur les bêtes, le joug épousait la forme de la tête et des cornes de l'animal. De plus, un coussinet de cuir était posé sur leur front. Des lanières de cuir fixées au joug permettaient, suivant un liage précis, de l'attacher solidement à la tête des deux animaux. Le timon de l'attelage était introduit dans deux anneaux métalliques qui pendaient sous le joug entre les deux têtes. Un clou métallique amovible, de 1 cm de diamètre et long de 30 cm, était engagé dans un trou du timon prévu à cet effet. Il dépassait largement entre les deux anneaux. De ce fait, l'attelage ne pouvait se dégager du joug.

Il existait également un joug pour atteler une seule bête. Nous l'utilisions pour piocher ou buter les pommes de terre par exemple. On attelait une vache à une sorte d'araire qui, fendant la terre, la reversait de chaque côté. Celui qui tenait les manches de l'araire guidait ainsi sa vache entre les rangées de choux ou de patates sans les piétiner. Bien évidemment, j'ai appris, non seulement à lier les animaux, mais aussi à passer l'araire, ou à mener l'attelage lors des fenaisons.

Lors de mes premiers étés au Crozet, j'accompagnais mon oncle lorsqu'il allait faucher. La plupart du temps, il utilisait le tracteur avec sa barre de coupe. Je montais sur le tracteur et m'asseyais sur le carénage de la roue arrière où une petite rambarde me calait le bas du dos. Armé d'un râteau, je devais débourrer la barre de coupe quand l'herbe s'y coinçait.

L'herbe coupée séchait au soleil, puis il fallait la retourner. Le Marius utilisait le râteau-faneur chaque fois que c'était possible, mais souvent, nous devions effectuer le râtelage à la main. Lorsque le foin était sec, le temps était venu de le rentrer dans la grange. Mon oncle préférait utiliser les vaches attelées pour ce travail. Au préalable, nous faisions des « roules » : il s'agissait de faire rouler le foin sur le côté avec le râteau sur quelques mètres, formant une sorte de boudin, une roule, dans le champ. Chacune était espacée de la largeur du char pour charger le foin plus facilement. Au début, mon travail consistait à râteler ce qui n'avait pas été ramassé à la fourche et à le ramener sur les roules. Avec le temps, c'est moi qui fus chargé d'empiler le foin dans le char. Mon oncle m'envoyait des fourchées de foin, j'en faisais des rouleaux que j'imbriquais les uns sur les autres. J'essayais de faire le chargement le plus large et le plus équilibré possible. Quand le char était suffisamment plein, j'engageais une perche de bois sous le dernier échelon de la ridelle avant. Une corde attachée à l'autre bout de la perche était fixée à un tambour, à l'arrière du char. Ce rouleau à cliquets permettait de « biller », c'est-à-dire serrer le chargement en tendant la corde. Puis nos vaches tiraient le char jusqu'à la grange. Régulièrement, mon oncle semait du sel gemme sur la « fenière » pour mieux conserver le foin et pour régaler ses vaches. Lorsqu'elle prenait de la hauteur, on y faisait monter une vache pour piétiner le foin et le tasser davantage. Il faut savoir que la grange où l'on entassait le foin se trouvait juste au-dessus de l'étable. Le long du mur, il y avait de petites trappes. En hiver, il suffisait de tirer le foin de la « fenière » et de le faire passer par ces petites trappes pour qu'il tombe dans les râteliers. Les vaches pouvaient alors facilement se servir et manger leur ration de foin salé.

Marius cultivait quelques petits champs de céréales : orge, seigle, avoine, utilisées pour nourrir la basse-cour qui comptait quelques poules et canards. Concassées, les céréales servaient aussi de nourriture aux vaches et de pâtée aux cochons.

J'ai suivi mon oncle lorsqu'il semait le blé à la volée. Au préalable, il balisait son champ avec des branches de genêts qu'il plantait à intervalles réguliers pour lui servir de repères. Il portait un sac de toile plein de semences dans son giron, y plongeait la main et, dans un large mouvement circulaire, lançait les grains tout en avançant lentement suivant ses repères.

Pour la récolte, il utilisait la moissonneuse-lieuse : rien à voir avec les moissonneuses-batteuses d'aujourd'hui ! À l'époque, cette machine agricole, tirée par le tracteur, coupait le blé et le liait en gerbes qui seraient battues plus tard. Il y avait, sur la machine, un siège que j'occupais la plupart du temps, armé d'un râteau. Je devais faire en sorte que les épis, une fois coupés, s'alignent bien tous dans le même sens afin que les gerbes soient liées correctement. Avant d'engager la lieuse dans le champ, il était nécessaire de moissonner le premier passage à la main. J'ai donc appris à couper le blé à la faux, à lier les gerbes à la main, et je peux vous apprendre à le faire si vous le souhaitez.

Une fois le champ moissonné, nous relevions les gerbes par petits groupes de quatre ou cinq pour les laisser sécher. L'opération suivante consistait à les rassembler pour bâtir un « gerberon ». Pour cela, mon oncle utilisait, tiré par le tracteur, un traîneau sur lequel étaient déposées les gerbes. Une fois plein, il était traîné jusqu'à un coin du champ où le « gerberon » serait construit. Les gerbes étaient empilées en cercle, les épis tournés vers l'intérieur formant une tour ronde au sommet pointu, protégé d'une bâche. Ainsi, toute la récolte était rassemblée sur un seul, voire deux « gerberons ». Elle resterait là jusqu'au passage de la batteuse qui se déplaçait de village en village au fur et à mesure que les moissons se terminaient.

Avec le temps, Marius m'a appris à conduire le tracteur. J'étais loin d'avoir l'âge de passer le permis de conduire. Je devais avoir 12 ou 13 ans, mais, dans cette contrée très reculée, aucun risque d'être contrôlé par la police ! Je me souviens d'un jour où je tirais le fameux traîneau, alors que je n'étais pas très expérimenté pour démarrer en côte. M'étant arrêté pour permettre à mon oncle de charger quelques gerbes, je voulus redémarrer, mais le tracteur partit en arrière. Mon oncle se mit à crier. Plus il criait et plus je paniquais. Je réussis finalement à reprendre la marche avant. Heureusement pour moi, les dégâts ne furent pas trop importants : j'avais juste cassé un piquet de bois servant à retenir les gerbes. Toutefois, ce souvenir me fait toujours sourire. Reconnaissez que j'étais un « indien pas-de-pot ».

**– Très longues vacances**

Mai 68, comme je l'expliquerai en détail plus loin, a commencé pour moi en avril. Monté au Crozet pour aider mon oncle, j'y suis resté jusqu'au début septembre, presque cinq mois. Il faut vous dire qu'au même moment, ma tante devait subir une opération lourde des deux hanches et se trouva, soit à l'hôpital, soit en rééducation, durant cette période. Parmi mes attributions, il y avait la préparation des repas. Je n'étais pas très doué en cuisine, alors c'était à la fortune du pot avec des expériences inoubliables comme le jour où j'ai voulu préparer des « râpées » de pomme de terre. Tout allait bien jusqu'au moment où il me fallut retourner la râpée dans la poêle. Je n'osais pas la faire sauter comme une crêpe et ne savais comment faire. N'ayant même pas l'idée de retirer la poêle du feu, je paniquais tandis que mon oncle ne rentrait toujours pas. Je trépignais d'impatience et d'énervement à l'idée que mon plat allait brûler. Enfin, mon oncle est arrivé et m'a suggéré d'utiliser une assiette posée à l'envers sur la râpée avant de retourner le tout, la main sur le dos de l'assiette. Il suffisait ensuite de faire glisser la râpée retournée dans la poêle. Rien de plus simple, il suffisait d'y penser !

Le menu quotidien se composait essentiellement de charcuterie. Et c'est ainsi que, pratiquement six fois par jour, nous mangions du saucisson, du jambon cru ou du lard. Je peux vous dire qu'à la fin des vacances, le jambon cru, dont je raffole, sans parler du saucisson et du lard, me sortait par les yeux.

– **Récréation**

Lors de mon premier séjour, 4 maisons étaient habitées au hameau du Crozet, mais rapidement il n'y en eut plus que trois. Dans la ferme du milieu, les « Redon », les enfants étaient tous adultes. Dans la ferme du haut, les « Rigodon » (même patronyme sans parenté), il y avait trois enfants. Colette avait mon âge ou un an de moins, je ne sais plus très bien ; quant à ses frères, ils étaient plus jeunes et j'ai oublié leurs prénoms. Nous jouions quelques fois ensemble, mais les occasions étaient rares, car nous avions beaucoup de travail les uns et les autres. Néanmoins, nous eûmes à plusieurs reprises la joie d'aller tous les quatre à la fête foraine de Saint Bonnet le Château. Je fus chargé d'y emmener mes petits voisins avec la responsabilité de veiller sur eux. Cela représentait une distance de six kilomètres à pied en passant par les coursières. Mais, pour des enfants qui vont à la fête, ce n'était rien. Mes petits amis n'avaient pas beaucoup d'argent, car les revenus de leurs parents étaient modestes. Mon oncle et ma tante se sont toujours montrés très généreux avec moi en ces occasions-là. Que de tours de manèges nous avons pu nous payer ! J'emmenais Colette dans les autos tamponneuses et les avions.

C'est avec elle que je pense avoir connu mes premiers émois. Je jouais à lui faire peur et lui courais après avec des orties à la main, par exemple. Un jour où nous nous étions attrapés par les mains et nous regardions dans les yeux, j'avais été troublé. Elle aussi me cherchait en me faisant des « niches ».

Ce fut le cas un hiver pour les vacances de Noël. Nous avions moins de travail et il n'était pas rare durant cette saison de faire des veillées entre voisins. C'étaient des moments de convivialité. Les hommes jouaient aux cartes pendant que les femmes reprisaient les chaussettes tout en papotant. J'aimais jouer aux cartes et donc, j'étais entièrement pris par le jeu. Lorsque ce fut le moment du départ, impossible d'enfiler ma veste. Colette s'était amusée à coudre les manches. Tout le monde éclata de rire à mes dépens, car tous étaient de connivence. Le seul qui n'avait rien vu, c'était moi. Les choses ne sont jamais allées plus loin entre elle et moi, bien que je sois allé chez mon oncle jusqu'à mes dix-sept ans.

Lors des vacances d'hiver, le travail consistait à prendre soin des bêtes à l'étable. Deux fois par jour, j'étais chargé de faire boire les animaux. Il y avait un abreuvoir sur la route, juste vers l'entrée de la ferme. Je détachais les vaches et les emmenais à l'abreuvoir. Une fois qu'elles avaient bu, je les ramenais à l'étable et les attachais. J'aimais toujours mettre mes bras autour de leur cou et leur faire un gros câlin.

Le travail principal, cependant, consistait à débiter du bois de chauffage. Il fallait couper des arbres, les transporter, les découper et les fendre. Parfois, nous en remplissions un tombereau que mon oncle allait vendre. Il nous arrivait aussi de le remplir de collets verts, de pommes de terre, ou de betteraves fourragères enterrées dans des silos creusés au bord des champs et qui attendaient sous la neige. C'était aussi la saison où l'on réparait les clôtures endommagées, changeant quelques piquets ou rafistolant les fils de fer barbelés. Tous ces travaux en compagnie de mon oncle étaient des moments de complicité et d'apprentissage que j'ai rarement connus avec mon père.

D'ailleurs, je n'oublierai jamais, et mon frère Jean-Marie non plus, le jour où mon père nous emmena piocher les patates. C'était à Montchouvet, dans le champ qui est juste derrière la maison. Il nous montra comment faire, comment en cinq coups de pioche, butter un plant de pommes de terre. Puis, il nous laissa là comme deux ronds de frites. Nous comprenions alors ce qui nous attendait : un dur labeur, qui ressemblait davantage à une corvée qu'à un moment de partage avec notre père. Le champ était grand, nous en avions pour au moins une journée de dur travail, avec en prime un bon mal de dos. Avec lui, les choses se passaient souvent ainsi et nous ne devions rien attendre de plus.

Quant à ma tante, ma marraine, elle n'était pas très démonstrative dans son affection, mais elle avait de petites attentions pour moi que je ne pourrais jamais oublier. Elle m'offrait régulièrement de petites gâteries. Un jour, c'étaient des petits gâteaux, un autre des bonbons comme ces petits œufs de Pâques en sucre avec du sirop de fruit à l'intérieur que j'affectionnais particulièrement, parfois un œuf en chocolat, lorsque l'épicier qui faisait sa tournée s'arrêtait dans la cour de la ferme. Mais ce que j'appréciais surtout c'est qu'année après année, elle me communiquait son savoir, toujours égale à elle-même. Je ne me souviens pas d'un seul jour où elle m'ait grondé. Par contre, avec le temps, elle a continué à se montrer généreuse envers moi, me donnant une petite « étrenne », comme elle disait, lorsque je venais la voir, ce qui n'était pourtant pas très souvent du fait des grandes distances qui nous séparaient, mais ne diminuaient pas notre affection mutuelle.

# XVII
# Mon père

Comme vous le savez déjà, mon père s'est retrouvé orphelin de mère à dix ans. Son enfance et sa scolarité se sont arrêtées lorsqu'il fut placé chez des paysans. C'était pourtant quelqu'un d'intelligent qui aurait pu réussir dans ses études. Malheureusement pour lui, on l'habitua au vin (même si c'était de la piquette) alors qu'il était trop jeune. Les paysans avaient coutume d'emporter un casse-croûte lorsqu'ils travaillaient aux champs et de mettre au frais, dans un bief, une chopine de vin. Lorsque le travail était dur, notamment le fauchage qui s'effectuait à la main à cette époque-là, on allait souvent à la chopine. C'est ainsi que mon père, qui n'avait pas beaucoup de volonté, devint très vite dépendant à l'alcool.

Souvent, il parlait de ce qu'aurait été sa vie s'il avait pu aller à l'école plus longtemps, et son refrain revenait : « Vous êtes nés sous une bonne étoile ». Quand je songe à ma vie, et surtout à mon enfance, je me rends compte que ses discours m'ont beaucoup influencé. Comme si je voulais lui prouver quelque chose, non seulement j'ai voulu travailler à dix ans, mais, dans bien des domaines, je voulais être à sa hauteur. Il était capable d'attraper une truite à la main ? Je devais être capable de le faire. Et je l'ai fait. Il descendait d'un sapin par les branches ? Je devais être capable de le faire. Et je l'ai fait, avec les résultats que vous connaissez. De toutes les façons possibles, je l'imitais.

Par exemple en ce qui concerne la nourriture. Il avait connu la faim. Que de fois il nous a raconté comment il allait dans les potagers voler des carottes qu'il mangeait sur place, avant de replanter les fanes pour cacher son méfait ! Quand l'un de nous rechignait à manger le plat posé devant lui, il s'exclamait : « Quinze jours sous une benne et tu la finiras ton assiette ! » Alors en ce qui me concerne, je finissais toujours mon plat. Mieux encore, je mangeais tout ce qu'il mangeait. Il se cuisinait des mets particuliers comme des pieds de cochons ou de veaux, des harengs, de la cervelle et j'étais le seul membre de la famille à en manger avec lui.

Je ne saurais vous expliquer la relation qui s'est créée entre lui et moi. Peut-être qu'un psychologue pourrait le faire. Je crois qu'en fait je le défiais. Un jour, il se vantait d'être plus malin que les autres, disant que celui qui l'attraperait n'était pas né. Nous étions en voiture et approchions de Montchouvet. Je revois la scène comme si c'était hier. Assis devant, juste à côté de lui, j'ai crié : « Papa ! arrête ! arrête ! » Il a pilé avec la voiture et m'a demandé : « Qu'est-ce qu'il y a ? ». Et je lui ai répondu : « Tu ne vois pas qu'un troupeau de puces traverse la route ? » Il est parti à rire. Quand j'y repense, il aurait pu très mal le prendre.

Mon père était plutôt lâche. Que de fois, contrarié par quelque chose, il allait se réfugier dans l'alcool ! Alors seulement, il était capable d'exprimer ce qui le dérangeait. Que de fois, j'ai attendu qu'il soit dessaoulé pour lui parler franchement en tête à tête et lui dire que, s'il avait un reproche à nous faire, il pouvait le faire sans s'enivrer.

Autant j'avais peur de lui quand il était sous l'emprise de l'alcool, autant j'avais le courage de lui dire en face ce que je pensais de lui quand il était en mesure de l'entendre. C'est peut-être pour cela qu'il me manifestait de la considération et un grand respect. Il est décédé à 74 ans d'un cancer du poumon, car, en plus de sa dépendance à l'alcool, il a fumé jusqu'au bout de sa pauvre vie.

Ce qui m'a profondément troublé malgré tout, c'est lorsque j'ai réalisé que sa mort me laissait complètement indifférent : ni chagrin ni tristesse, aucune envie de pleurer. Rien, aucune émotion, aucun sentiment, le vide total. Il faut dire qu'il nous en avait fait voir de toutes les couleurs.

# XVIII
# Ma mère

De son prénom Marthe, elle aura toujours 30 ans, 10 mois et 3 jours de plus que moi. Au moment où j'écris ces lignes, elle va sur ses 102 ans, profitant d'une vigueur peu commune. Jamais je n'aurais imaginé qu'elle devienne si âgée.

Comment la décrire sans la juger ? Comment vous donner une idée du personnage et exprimer cependant combien je me sens redevable ?

À coup sûr, ma mère a une très forte personnalité. C'est sans doute ce qui lui a permis de faire face aux nombreuses épreuves rencontrées dans sa vie. Toutefois, dans quelle mesure cela a-t-il ajouté à ses difficultés, je ne saurais le dire. Son père était très autoritaire et c'est peut-être pour cela qu'elle ne s'est jamais laissé dominer par son mari. D'ailleurs, un des surnoms dont il l'affublait était « le gouvernement ».

Son éducation catholique a été pour beaucoup dans le fait qu'elle a eu six enfants : il n'était pas question de contraception et les relations sexuelles ne devaient avoir pour but que la procréation. C'est ainsi qu'elle a eu 5 enfants en 5 ans.

Très tôt, elle s'est trouvée dans une situation financière catastrophique et, lorsqu'elle parlait des jours vécus à Sury-Le-Comtal ou à Marlhes, il n'était question que des froidures de l'hiver ou des punaises dont elle n'arrivait pas à se débarrasser. De tout cela bien sûr, je n'ai aucun souvenir, car j'étais trop petit.

Lorsque son mari mena une vie de débauche, allant voir ses maîtresses au lieu d'aller au travail, elle se battit pour que nous puissions survivre. Heureusement que l'employeur de mon père, un homme compréhensif, lui est venu en aide.

Ma mère « gouvernait » : elle tenait donc les cordons de la bourse. Très tôt, mon père s'est déchargé de ses responsabilités de chef de famille et, de ce fait, cela pesait très lourd sur les épaules de sa femme. Si vous ajoutez à tout cela que l'Église la poussait à faire de l'Action Catholique Ouvrière, vous comprendrez pourquoi elle n'a pas apporté à ses enfants toute l'attention et l'affection dont ils avaient besoin.

J'aimerais vous expliquer l'influence que ses croyances religieuses ont exercée sur sa manière de diriger sa vie. Par exemple, elle a donné à chacun de ses enfants le prénom de Marie. Pour ce qui me concerne, je m'appelle Christian, Alain, Marie, Lucien. Nous avons tous commencé notre scolarité en école privée catholique (donc payante). Il fallait assister à la messe chaque semaine et, pour la semaine sainte, c'était chaque jour, sans parler de la messe de minuit à Noël et à Pâques, des vêpres, des processions et du mois de Marie. Pour le 8 décembre, nous mettions la statue de la Vierge de la grand-mère, qui mesurait bien 40 cm, dans une niche sur le balcon avec les cierges bénis de Lourdes et les lampions. Puis, dès que nous installions la crèche, il fallait prier devant chaque soir jusqu'à l'arrivée des rois mages le 6 janvier. Pour ma part, je prenais grand plaisir à l'élaboration de cette crèche, ajoutant quelques santons, chaque année, en fonction de mes moyens. En fait, la beauté et le réalisme de ces figurines m'inspiraient bien davantage que mes sentiments religieux.

En compagnie de mon père, elle a fait une retraite à Châteauneuf-de-Galaure où se trouvait une stigmatisée, Marthe Robin et, à la suite de cette retraite, elle s'est démenée pour monter un dossier afin que la maison de l'Émile à Montchouvet devienne un centre de retraite catholique. Toutefois, pour des raisons de rentabilité, ce projet est tombé à l'eau bien qu'elle ait reçu pour cela une bénédiction papale sur un beau parchemin ! Elle a aussi fait tant et plus pour venir en aide à des familles de réfugiés à l'époque de la guerre d'Algérie, puis à Clairville, comme vous le savez déjà, elle a mis en place un centre social dont elle est devenue la présidente. Que d'heures elle a pu passer à s'occuper des autres alors qu'elle avait six enfants à élever à la maison !

J'éprouve des sentiments très contradictoires à ce sujet : d'un côté, comme je l'ai dit, je me sens très redevable, et de l'autre, je ressens un manque terrible. J'ai beau fouiller dans ma mémoire, je ne me rappelle pas un seul moment où ma mère m'aurait pris dans ses bras. Je ne me rappelle aucun geste tendre à mon égard.

Alors que j'avais 22 ans, j'ai écrit un poème dans lequel j'exprimais ma reconnaissance pour tout ce qu'elle avait fait pour moi. J'ai choisi de vous livrer ce poème ainsi que les premiers vers de celui qu'elle a écrit pour moi en retour. Aujourd'hui, je m'interroge et me demande si je n'ai pas idéalisé ma maman. Elle a toujours eu le don de manipuler les gens pour réaliser ses objectifs, et ses façons d'agir ont été la cause de nombre de problèmes au sein de notre famille. Attention, ne vous méprenez pas, cela n'enlève rien à tous les sacrifices auxquels elle a consenti pour nous élever. Aujourd'hui, je m'occupe d'elle en collaboration avec mes deux sœurs.

# Maman !

Oh « maman! » qu'il est doux de prononcer ce mot.
Souvent ce fut un cri d'appel ou de détresse
Un cri qui est pour moi un sentiment très beau
Où se mêlent l'amour, la joie et la tendresse.

Mon petit cœur d'enfant aimait bien se confier
Dans ce cœur de « maman » où il puisait sa joie.
Les années ont passé et je suis un peu fier
De parler de « maman », de « ma maman à moi ».

Souvent je la revois en train de travailler.
Son temps était précieux et chacun de ses pas
N'avait qu'un but réel, à savoir, « nous soigner ».
C'est dans ce dur labeur que tu trouvais ta joie.

Ton amour t'a poussée à tous nous sacrifier.
Tes forces, peu à peu, se sont amenuisées.
Et pour cela « maman » je veux te remercier,
Car ta vie c'est pour nous que tu l'as toute usée.

Aujourd'hui j'ai compris, que tu m'as tout donné.
Tu n'as gardé pour toi, comme unique trésor :
Ma reconnaissance qui au long des années
Est devenue précieuse et plus riche que l'or.

O « Maman », je voudrais que l'amour qui m'étreint,
L'amour, si fort, si pur que j'ai tiré de toi,
Pénètre dans ton cœur pour le rendre serein,
Pour qu'enfin le bonheur reste sous notre toit !

Christian, ton enfant qui t'aime

## À mon Christian

À mon fils bien aimé,
Au cœur plein de bonté,
Qui dans l'adversité
M'a toujours consolé.

En mon sein épuisé
Par les difficultés
Qu'il fallait affronter
Avec moi, tu luttais.

Ma Ghislaine brûlée,
Papa, Jean opérés,
Il fallait les soigner
Et bien te protéger.

Pour ne pas t'affecter,
J'essayais d'être gaie,
Calme, équilibrée,
Tout ça, pour ta santé

Peut-être, pour cela,
Tu es le plus costaud
Et ton cœur en tout cas,
Est très grand et très beau…

# XIX
# Les histoires qui ont bercé mon enfance

## Celles de ma mère

En plus des légendes déjà racontées plus haut, que de fois elle nous a parlé de son oncle religieux ! Il faisait partie de l'ordre des Maristes et enseigna dans une école catholique jusqu'à qu'il se défroque vers la fin de sa vie. C'était un farceur. De plus, il avait la répartie facile, ce que confirme cette histoire vécue lors de ses études au juvénat.

Il regrettait, étant pensionnaire, de ne pouvoir goûter à l'eau-de-vie de prunes qui, à l'époque, était distillée dans pratiquement toutes les fermes de la région au passage de l'alambic.

Aussi, décida-t-il de s'arranger avec des externes, fils de paysans du coin, pour se faire livrer une bouteille de gnôle. Il était entendu qu'un soir, il lancerait une corde par la fenêtre du dortoir qui donnait sur la rue à l'extérieur du pensionnat. Le jour dit, la corde fut lancée dans le vide. C'était une belle soirée d'été. Le directeur qui travaillait dans son bureau avait ouvert tout grand sa fenêtre. Le léger bruit de la corde chutant dans le vide attira son attention. Voyant la corde devant sa fenêtre, il s'approcha, sortit le couteau qui ne quittait jamais sa poche et entoura de ses doigts la corde qui remontait. Quand la bouteille arriva, il l'attrapa et coupa la corde au-dessus du goulot.

Se rendant rapidement dans le dortoir à l'étage du dessus, il se dirigea directement vers le lit de mon grand-oncle, qui faisait semblant de dormir profondément. Faut dire qu'il connaissait bien le personnage. Et là, il lui dit d'une voix forte :

« Eh bien Genevrier ! Vous ne dormiez pas si profondément il y a quelques minutes ! »

Et là, Genevrier se réveille en sursaut et dit :

« Ah m'en parlez pas, monsieur le directeur, je viens de faire un terrible cauchemar ! »

— Ah bon ! et de quoi rêviez-vous alors ?

— Je rêvais que j'étais en train de remonter une âme du purgatoire avec mon chapelet, et plus je priais et plus elle remontait, jusqu'au moment où le diable est arrivé, a coupé le chapelet, et l'âme est retombée dans les affres de l'enfer !

Évidemment, le directeur ne put s'empêcher de rire, et Genevrier ne fut puni que par la perte de sa bouteille d'eau-de-vie.

Quelques années plus tard, alors qu'il enseignait à Riom, il fut visité par un inspecteur pédagogique qui venait de Clermont-Ferrand et qui était lui aussi frère mariste. Cet homme était un vantard et ce jour-là, dès son arrivée, il expliqua à mon grand-oncle qu'il avait fait venir du Saint-Nectaire et des bouteilles de bordeaux. Pendant la classe, mon oncle subtilisa une carte de visite de l'inspecteur et écrivit dessus : « Veuillez remettre au porteur de ce pli un Saint-Nectaire et deux bouteilles de bordeaux ». La bonne n'était pas très contente de se dessaisir de ce qu'elle venait juste de réceptionner, mais elle s'exécuta. Riom n'étant pas très loin de Clermont, le commissionnaire revint suffisamment tôt pour que mon grand-oncle puisse dire à l'inspecteur que lui aussi avait fait venir du Saint-Nectaire et du bordeaux et qu'il aimerait bien les lui faire goûter avant son départ. Et voilà cet inspecteur grassouillet, goûtant et regoûtant pour finalement déclarer : « Ah mâtine ! ils sont bien bons, mais pas aussi bons que les miens ! » Pouvez-vous imaginer sa déconvenue lorsque, rentré à Clermont, il se fit houspiller par la bonne qui regrettait le Saint-Nectaire et les bouteilles de bordeaux ?

### Celles de mon père

Les histoires de mon père tournaient autour de Saint Bonnet le Château, la petite ville où il est né et a vécu son enfance, et surtout la fameuse descente de la Châtelaine. Celle-ci fut le théâtre de bien des farces et des exploits des 7 garçons.

Au niveau des farces, il y avait celle qui consistait à redresser un ressort de sommier pour obtenir un clou d'une belle longueur. Les garnements enfilaient un sou (petite pièce percée d'un trou en son milieu) dans ce clou et enfonçait ce dernier entre les pavés. Puis ils se cachaient et attendaient patiemment leur victime. Lorsqu'un passant voyait le sou, il voulait le ramasser. Comme il n'y arrivait pas du premier coup, il posait son sabot dessus et faisait comme si de rien n'était. Dès qu'il se retrouvait seul, il réessayait d'arracher le clou tout en tempêtant en patois à la plus grande joie des gamins. Rares étaient ceux qui arrivaient à récupérer le sou.

Une autre farce consistait à attacher un vieux portefeuille à une ficelle et à le poser au milieu de la rue. Lorsqu'un passant se baissait pour le ramasser, il suffisait de tirer la ficelle de quelques centimètres pour le voir poursuivre le portefeuille en jurant en patois. Mais là, il fallait être prêt à prendre la poudre d'escampette dès qu'il se rendrait compte de la supercherie.

Pour ce qui est des exploits, il y avait la descente en luge de la même rue enneigée en hiver. Mon père nous expliqua comment il faisait cette descente à plat ventre sur sa luge sans jamais freiner et en faisant sauter par à-coups l'avant de sa luge pour tourner (ce que j'appris à faire plus tard). Mais les paysans avaient du mal à monter et jetaient de la cendre sur la route ce qui, bien sûr, gênait les lugeurs.

Un de mes oncles a donc monté une sorte de ventilateur pour chasser la cendre à l'avant de sa luge. N'ayant alors besoin que de quelques mètres pour démarrer, plus rien ne l'arrêtait et les autres luges suivaient.

Un jour où le curé remontait la rue avec peine et se trouvait au milieu de la route, l'oncle ne put l'éviter et le chargea bien involontairement sur sa luge. Arrivé presque en bas, il réussit à le décharger et finit la descente sans demander son reste pendant que le curé vociférait après lui.

L'été, les garçons s'amusaient avec des pneus en les faisant rouler dans la descente. Un jour, alors qu'il avait trouvé un gros pneu de camion, le Loulou (je crois) a eu l'idée de se lover à l'intérieur et de partir dans la descente. Et voilà le pneu qui prend de la vitesse. Il faisait beau et une famille mangeait porte et fenêtres ouvertes. Le pneu est entré dans la maison et a soulevé et plaqué la table contre la fenêtre, projetant tout ce qui se trouvait dessus à l'extérieur. La famille, sous le choc, a vu un gamin, complètement saoul (il avait attrapé la lourde), sortir du pneu et s'enfuir en louvoyant à toutes jambes.

Mon père nous raconta aussi comment il jouait la nuit à cache-cache dans les rues de Saint Bonnet. Voilà qu'une nuit, ayant grimpé sur un mur, il n'arrivait plus à redescendre. Lorsqu'un passant arriva à sa hauteur, il lui demanda de l'aide. Oh stupeur ! Celui qui lui disait : « Veun eche petie ! » était son père qui rentrait du travail !

**Que dire des histoires de maraude**

Un des enfants discutait avec le charretier qui tenait son cheval par la bride, pendant que le reste de la fratrie volait raisins ou melons à l'arrière de la charrette. Après quoi, tout le monde se retrouvait dans une cache au milieu des billes de bois qui formaient un abri, pour se délecter des produits du larcin.

Combien de fois mon père nous a raconté comment il déracinait les carottes dans les potagers, les mangeait sans les éplucher et replantait les fanes pour masquer son délit : il connaissait la faim ! D'où l'expression qui revenait chaque fois que nous rechignions devant notre plat : « Quinze jours sous une benne et tu la finiras ton assiette ! »

# XX
# Saint-Maurice en Gourgois

À l'époque où nous n'avions pas encore de voiture, il nous arrivait certains dimanches d'aller pique-niquer. Nous allions à pied jusqu'à l'arrêt du trolleybus qui nous déposait près de la gare routière. Nous prenions le car en direction de Saint-Bonnet-le-Château et descendions à Saint-Maurice-en-Gourgois. Ensuite, nous redescendions à pied en direction d'Unieux, ce qui représentait une balade d'environ neuf kilomètres. En route, nous choisissions un bel endroit pour manger et jouer à « cache-cache ». Je garde un très bon souvenir de ces pique-niques, de ces instants joyeux où nous marchions en chantant ou cueillions des bouquets de fleurs. Je revois le spectacle de la nature dans sa robe verte parsemée d'une multitude de genêts aux fleurs jaune d'or qui répandaient un parfum entêtant. Et puis, du surplomb qui dominait le pont traversant le fleuve avant Unieux, la beauté grandiose de la Loire lovée entre les montagnes. Parfois, nous admirions les voiliers qui fendaient l'eau sur le lac artificiel du barrage de Grangent. Plus tard, avec le lycée, je viendrais faire de la voile ou du canoë sur cette retenue d'eau. Arrivés à Unieux, nous prenions le trolleybus afin de rejoindre nos pénates. La meute hurlante que nous formions, épuisée par cette journée de plein air, était devenue silencieuse. Chacun méditait sans doute sur les moments forts de la journée.

Je me souviens de parties de cache-cache avec « le Beli » qui, paralysé du côté gauche, et la jambe raide, ne se déplaçait pas facilement. Mais il n'était pas en reste. Pour découvrir où nous nous cachions, il avait une astuce. Il feignait de tomber et tempêtait à voix haute. Nous ne pouvions pas nous retenir de rire, en entendant ses expressions méridionales, ces « fans de chichourle » prononcés avec l'accent provençal. Forcément, grâce à nos éclats de rire, il lui était facile de nous trouver, ce très cher tonton !

# XXI
# Les voitures

– **L'Aronde** : ce fut notre première voiture, elle était grise, de marque Simca. Si je ne me trompe, mes parents l'avaient achetée quand nous avions emménagé à Clairville.

Nous étions déjà 8 à la maison, il fallait donc s'y entasser : 3 devant, 5 derrière, dont ma mère qui n'aimait pas monter devant. Avec cette voiture, outre l'histoire du troupeau de puces, j'ai à l'esprit 3 épisodes dramatiques. À chaque fois, mon père avait bu. Il conduisait à toute vitesse sur de petites routes. Une fois, Alain avait tellement peur ! Assis du côté de la portière arrière droite, il l'a ouverte pour sauter. Heureusement, nous avons réussi à la refermer avant qu'il ne puisse mettre son projet à exécution.

Le deuxième souvenir fut un accident, dans la descente de Joanziecq. À l'époque, ce n'était qu'un chemin de terre. Il avait plu et la route était boueuse. Trop sûr de lui, mon père roulait trop vite et la voiture a dérapé dans la boue, heurtant les murs de pierres sèches de chaque côté de la route. Il y eut heureusement plus de peur que de mal. Nous étions tout tremblants, mais indemnes, seule la carrosserie était abîmée.

Pour le troisième, je n'étais pas dans l'Aronde, mais je pense que c'est avec cette voiture que, complètement ivre, il enfonça l'arrière d'un véhicule arrêté à un feu rouge à Saint-Étienne. Le chauffeur de la voiture percutée fut grièvement blessé et handicapé à vie. Quel malheur ! À ma connaissance, mon père n'eut qu'un retrait de permis temporaire. Ma mère aurait souhaité qu'il lui soit retiré définitivement. Hélas ! Ce ne fut pas le cas. Après cet accident, ma sœur aînée passa son permis et devint notre chauffeur.

– **La Frégate** : cette voiture, de marque Renault, était bleue, avec le toit blanc. Jean-Marie m'a rappelé un fait qui restait vague dans mon esprit. Nous revenions de la fête de La Chapelle-en-Lafaye, il devait être plus de trois heures du matin. Mon père était saoul comme d'habitude et roulait à toute vitesse. Nous arrivions près de l'Étrablat, juste en face de La Faye. Il y avait un tas de grumes sur la gauche de la route. Dans la voiture, tout le monde hurlait de peur, lui demandant de ralentir. Il conduisait d'une main et, de l'autre, essayait de frapper ceux qui étaient à l'arrière. Il dévia sur la gauche et allait entrer en collision avec le tas de bois. Jean-Marie, assis juste à côté de lui ce jour-là, attrapa le volant et le ramena sur la droite, évitant de justesse l'accident.

Cette voiture finit sa vie en épave à Montchouvet, d'abord dans la cour, puis dans le pré du Beceyrou. Un jour, nous avons déniché une jeune pie. Nous l'avons mise dans la Frégate pensant que ça lui ferait une belle cage, mais le lendemain, nous l'avons retrouvée morte, sans doute de froid.

– **La Domaine** : il s'agissait d'une Frégate commerciale de couleur verte, avec un moteur V8 de 13 CV. Je pense que c'est avec cette voiture qu'il défonça le mur du jardin des Chataing à Montchouvet. Il avait bu et était en colère (nous avions dû refuser de monter avec lui, vu son état). Il partit comme un fou et, devant chez la Victorine, heurta le mur de pierres sèches. Il délogea une pierre qui devait peser pas loin d'une tonne et qui se retrouva au beau milieu du chemin d'où le Guy vint la retirer avec son tracteur.

– **La Beaulieu** : de marque Simca, elle fut la plus belle voiture que nous ayons eue. Elle était de couleur verte, de plusieurs tons et avait des chromes magnifiques, une très belle ligne, un moteur V8 également. J'ai encore dans les oreilles le doux ronronnement du moteur, presque silencieux, alors que nous roulions à 130 km/h sur la nationale 7 (à l'époque, la vitesse n'était pas limitée). C'était une voiture confortable, avec direction assistée. Ma sœur aînée, qui était une « gringalette », conduisait avec aisance ce véhicule qui pesait presque deux tonnes.

Je me souviens d'un hiver où nous descendions la côte de la Vivaraize. Le sol était verglacé. Notre voiture avait un frein moteur très puissant et ma sœur descendait lentement, en première. Devant nous, il y avait une 404 Peugeot. Le conducteur, ayant peut-être peur, freina, et sa voiture partit en luge, buta contre le trottoir, se mit en travers et s'immobilisa, barrant le passage. Ma sœur eut la bonne idée de freiner doucement en essayant de se caler sur le trottoir pour pouvoir s'arrêter plus facilement. La Beaulieu partit en luge et, tout en douceur, heurta la 404, lui enfonçant les deux portières. Notre voiture n'avait aucun dommage, pas même une éraflure. Pendant que nous remplissions le constat amiable, une 2 CV arriva et percuta l'aile arrière gauche de notre véhicule. Son aile avant droite fut complètement défoncée et le chauffeur n'eut plus qu'à la démonter pour continuer sa route. La Beaulieu avait une toute petite marque.

Je reverrai toujours mon père au volant de cette voiture un jour où il était encore saoul. Nous avions été invités à manger chez des cousins lointains. C'était le soir et, malgré nos protestations, le repas fut bien arrosé, au point que, lorsqu'il fallut rentrer, mon père était ivre. Comme nous n'avons pas voulu monter dans la voiture, il s'est mis en colère. Nous avons téléphoné au Guy, un voisin de Montchouvet, et, après lui avoir exposé la situation, nous lui avons demandé s'il acceptait de venir nous chercher avec sa voiture aux Vacheries, à environ 5 kilomètres de distance. Il a accepté et c'est ainsi que nous avons pris le chemin du retour. Juste après l'Étrablat, sur la ligne droite un peu avant le ruisseau de l'Andrable, nous avons retrouvé la Beaulieu couchée à droite dans le fossé, mon père au volant. Je le revois, les yeux exorbités, essayant d'en sortir. Le moteur ronflait, car il appuyait à fond sur l'accélérateur. Face à notre insistance, il accepta enfin de quitter le véhicule et de rentrer à la maison. Dès que cela fut possible, nous revînmes avec le tracteur du Guy pour sortir la voiture du fossé.

Quelques mois plus tard, il a voulu braconner, aller à la pêche aux grenouilles. Comme personne ne voulut l'accompagner, il partit seul. Il ne rentra que le lendemain matin en piteux état et sans grenouilles. Ayant trop bu, et conduisant trop vite comme toujours dans ces cas-là, il avait raté un virage dans le Sapet et fini dans un sapin. Il n'y avait même pas de trace de freinage, il a fait un tout droit. Peut-être avait-il eu une syncope. Notre magnifique voiture ne fut plus qu'une épave, alors que lui s'en sortit avec quelques contusions.

– **La Régence** : ce fut notre dernière voiture. Toujours de marque Simca, encore moteur V8. Elle était noire, moins belle que la Beaulieu. Cette voiture ne fut conduite pratiquement que par Ghislaine. Je pense que nous l'avons gardée jusqu'à ce que la famille se désintègre, peu avant que mes deux sœurs se marient. Mes parents s'étaient séparés et Alain avait quitté le foyer. Jean-Marie s'était acheté une petite automobile. Bernard et moi nous déplacions à vélo ou prenions les transports en commun comme notre mère.

# XXII
# Ma scolarité

Comme je vous l'ai déjà expliqué, j'ai commencé ma scolarité dans l'école privée de la paroisse de Valbenoîte, tenue par les frères Maristes. Il me reste peu de souvenirs de la maternelle et des petites classes. Je me rappelle les dominos pré-percés pour recevoir des bouchons de liège qui étaient peints de différentes couleurs et que l'instituteur utilisait pour nous apprendre à compter.

J'en ai davantage de la classe de CM2. Notre instituteur s'appelait Monsieur Desage. C'était un homme sévère, mais juste. Si vous vous mettiez à bavarder, il vous envoyait sa règle en bois à la figure avec une précision infaillible. Il n'hésitait pas à vous corriger en vous tapant sur le bout des doigts avec la même règle. Ça faisait très mal ! Je me souviens d'une rouste qu'il avait administrée à un certain Geourjon qui était particulièrement dissipé et insolent. C'était une autre époque !

**Une de mes lettres qui vous en dit long !**

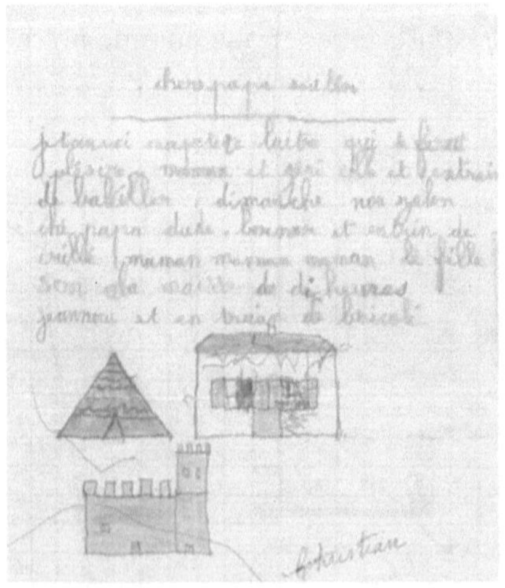

Dans cette classe, je me suis révélé être un matheux plutôt qu'un littéraire. J'étais capable de faire trente-deux fautes d'orthographe sur une dictée de huit lignes. Pour nous stimuler, Monsieur Desage faisait monter les élèves au tableau au fur et à mesure qu'il donnait les notes. Il commençait par zéro pour finir à 20. Un jour, il rendit les notes sur deux devoirs. Le premier était un devoir d'arithmétique d'un niveau assez élevé. Nous l'avions fait en deux fois et il était noté sur trente. Les notes tombaient, « 0 », suivi du nom des élèves qui avaient cette note, « 1 », « … », « 28 », « … » à ce moment-là, tous les élèves étaient au tableau en rang d'oignons sauf moi, « 29 », il s'amusait à égrener les notes, « 30 », « Soulier ». Je n'étais pas peu fier. Puis il commença à donner les notes du devoir suivant, une dictée, je pense. Et là, il commença par « 20 » : un ou deux élèves vinrent se positionner à ma gauche, « 19 », et me voilà en train de reculer, « … », « 0 », « Soulier ». Ma fierté en prenait un rude coup.

J'eus droit à un petit sermon : il ne comprenait pas pourquoi un garçon aussi intelligent pouvait obtenir de si mauvais résultats en orthographe. Moi non plus d'ailleurs ! Je sais seulement que j'étais constamment dans le doute et que, chaque fois que j'hésitais, je choisissais la mauvaise option.

Cet instituteur nous faisait travailler en équipe. Il avait installé un tableau avec des fils tendus sur lesquels étaient fixées de petites voitures en plastique de différentes couleurs. Chaque équipe composée de 6 ou 8 élèves, je ne sais plus, faisait avancer ou reculer la voiture en fonction des notes obtenues à chaque devoir. Quand vous faisiez avancer la voiture, vos équipiers vous félicitaient, mais gare à vous si vous la faisiez reculer ! Je ne saurais dire si notre équipe gagna la course.

Parfois, il organisait des batailles de conjugaison. Un élève choisissait un autre élève et lui demandait la conjugaison d'un verbe irrégulier à un temps précis. Si l'élève se trompait, il était éliminé, mais celui qui avait posé la question devait donner la solution. Quand ce fut mon tour, j'éliminais l'élève que j'avais choisi, seulement voilà, je me trompais en écrivant la solution au tableau, alors que je l'avais bien apprise. Paniqué par le bruit manifesté par la classe, trop proche du tableau, j'étais comme aveuglé et ne trouvais pas la faute à corriger. Je fus éliminé à mon tour. J'aimais les méthodes d'enseignement de ce professeur et, de fait, à la fin de l'année, j'avais progressé : moins de huit fautes dans une dictée !

Je suis allé dans la classe de fin d'études qui préparait au certificat d'études que je n'ai jamais passé. En effet, je suis entré en sixième directement après avoir réussi l'examen des bourses. Je ne garde aucun souvenir de cette classe, si ce n'est que l'instituteur devait être près de la retraite, car il me paraissait très âgé.

La sixième, c'était l'école des « grands », de l'autre côté de la palissade. Là encore, ma mémoire me trahit : je revois seulement la classe d'étude avec sa bibliothèque, ma moyenne en mathématiques, 20 sur 20 (j'étais le premier de toutes les sixièmes dans cette matière). Ce fut la seule année où des prix furent remis : j'en reçus plusieurs, pour mon plus grand plaisir, car les récompenses étaient des livres que j'ai gardés jusqu'à ce jour.

C'est là que j'ai commencé à distribuer les goûters. Chaque après-midi, un frère Mariste préparait des tranches de pain et des tablettes de chocolat dont il séparait les barres. Pour chaque classe, il prévoyait une boîte où il mettait autant de chocolat et de pain qu'il y avait de pensionnaires. Désirant me rendre utile, je m'intéressais à son travail et, bien vite, il me demanda de faire la distribution à sa place : les boîtes dans les classes des petits ; pour les plus grands, il me donna la liste des élèves qui avaient droit à un goûter que je leur portais pendant la récréation. Comme il en restait toujours, il me les donnait. De plus, certains élèves ne voulant pas de leur chocolat ou de leur pain, je me retrouvais avec quatre ou cinq goûters chaque jour, ce qui ne me posait aucun problème. En pleine croissance, j'avais un très gros appétit.

C'était l'époque où je vendais les calendriers de porte en porte, je vendais aussi des tickets de tombola et des billets d'entrée au gala qu'organisait l'école chaque année. Pour un carnet de billets d'entrée vendu, je recevais un billet gratuit. J'en vendais tellement que je pouvais fournir gratuitement toute la famille, soit huit entrées.

Je pense que c'est vers cette période de ma vie que j'ai été agressé par le sacristain de la paroisse. Je ne sais plus par qui, nous avions été informés que nous pouvions avoir des hosties auprès de lui. Nous aimions en manger tout en jouant à la messe. Il suffisait d'en demander. Il était même possible d'en obtenir des grosses, celles qu'utilisait le curé pour l'eucharistie. Me voici donc parti à la sacristie pour en réclamer. Le sacristain me dit que j'en aurais si je l'embrassais. Je ne m'attendais vraiment pas à ce qu'il m'embrasse sur la bouche et enfonce sa langue dedans. Beurk ! c'était écœurant ! Je n'ai pas du tout aimé ça. Et non seulement cela, mais il commença à me caresser les parties génitales, s'amusant à jouer avec elles de ses doigts. Complètement déconcerté (je devais avoir 12 ans), je me suis dégagé dès que j'ai pu et j'ai filé. Inutile de vous dire que je ne suis plus jamais retourné à la sacristie. N'ayant personne à qui me confier, j'ai longtemps gardé pour moi ce que j'avais vécu.

En cinquième, dès le premier jour de classe, je me suis pris de bec avec mon professeur principal qui enseignait les mathématiques. Il me déclara devant toute la classe : « l'année dernière, j'ai mis 20 à toutes tes compositions, mais je te parie une caisse de champagne que tu n'auras jamais 20 cette année ». Je lui répondis qu'il était facile pour lui de gagner puisque c'était lui qui mettait les notes. Je refusai donc ce pari de dupe. Et de fait, je n'eus jamais 20 et pourtant…

Je me souviens d'un devoir, où je reçus un 10 sur 20. L'élève qui était devant moi eut un 15. Lors de la correction qui suivit en classe, je m'aperçus que sur les quatre problèmes que comportait le devoir, tous les miens étaient justes, alors que l'élève devant moi en avait un de faux. Devant cette injustice, je demandais au professeur des explications. Il me répondit que la présentation était notée sur 5 et que j'avais 0. Vous comprenez que son raisonnement ne tenait pas debout et je le lui fis remarquer. Cela ne changea rien à ma note, mais je compris ce jour-là que venant d'un milieu défavorisé, je ne serais pas traité équitablement. Ce professeur n'hésitait pas à faire des différences suivant votre statut social. Et ce ne fut pas le seul. Non seulement cela, mais je voyais bien que mes camarades de classe affichaient du mépris à mon encontre.

Le plus fort dans cette histoire c'est que, plus tard, il organisa des groupes de travail en classe et que je me retrouvai avec cet élève nul en mathématiques. Et c'est moi qui devais l'aider à comprendre ce qui le dépassait ! Inutile de vous dire que je ne me suis pas privé de l'humilier et de le rabaisser : je le reconnais, j'avais l'esprit vengeur.

Une autre fois, ce professeur nous expliqua qu'il ne servait à rien d'aller à la messe si nous n'avions pas la foi, que la pratique de la religion était comme un cadre, mais que, ce qui comptait, c'était ce que nous mettions à l'intérieur. Dans cette école, nous avions la messe tous les jeudis matin. Comme je n'avais plus la foi et ne croyais plus en Dieu, je n'y ai donc pas assisté : je préférais jouer au basket tout en haut de la cour vers les classes de sixième. Lorsque la messe se termina et que les élèves et les professeurs se retrouvèrent dans la cour, un élève vint me dire que le professeur m'appelait. N'ayant pas envie de répondre à sa demande, dès que midi sonna, je rentrai à la maison.

Lorsque je me suis retrouvé en classe avec lui, il m'a demandé pourquoi j'avais fait la « messe buissonnière ». Je lui rappelais ses explications sur la religion. Il me dit alors que ses paroles n'avaient pas valeur d'autorisation et que, si je ne voulais plus assister à la messe, il fallait demander une dérogation au directeur. Je lui répondis qu'il n'avait qu'à assumer ses dires. À quatorze ans, je n'avais pas la langue dans la poche ni l'intention de me laisser impressionner.

J'ai peu de choses à vous raconter en ce qui concerne la quatrième, si ce n'est que j'allais régulièrement à l'aumônerie du lycée, car il y avait les premiers albums « d'Astérix le Gaulois ». Je les dévorais littéralement. J'avais aussi découvert que, pour les internes, il y avait une salle de jeux où ils se rendaient après le repas de midi. J'ai vite pris l'habitude d'y aller pour jouer aux dames et m'initier aux échecs.

Cette année-là, j'eus pour professeur le père Bonnefoy, un jeune frère Mariste, qui devait avoir autour de vingt-cinq ans. Un jour, à mon grand étonnement, il me proposa des magazines à lire. J'acceptai et il me demanda de le suivre jusqu'à sa chambre. J'étais perplexe et à l'évidence très naïf. Je le suivis donc et découvris les logements des frères Maristes de l'établissement. Il y avait un long couloir avec des fenêtres sur la gauche et les portes des chambres sur la droite. Juste avant d'arriver à la sienne, nous croisâmes un autre religieux, très âgé, qui sortait de sa chambre. Je pense que cette rencontre inopinée me fut salutaire. Dès que le père Bonnefoy me fit entrer pour « me donner les magazines », je sentis que j'étais en danger à sa façon de me regarder, au trouble qui s'emparait de lui et à sa voix altérée. Faisant dos à la porte, il me barrait toute issue. Je le regardais dans les yeux pour bien lui faire comprendre que j'étais prêt à me défendre. J'imagine qu'il eut peur, car, finalement, il me laissa partir avec ses magazines qui ne présentaient en fait aucun intérêt pour moi. Soulagé, je respirais un grand coup et me dépêchais de rentrer chez moi ayant conscience de l'avoir échappé belle.

J'ai quitté cette école privée pour poursuivre mes études dans un établissement public, le lycée des frères Chappe, où j'ai suivi une troisième d'accueil en compagnie de Jean-Marie. Notre classe était très dissipée. Les élèves faisaient du chahut à la moindre occasion. Mon frère et moi, nous nous disputions les premières places en mathématiques, mais nous aidions mutuellement pour les devoirs à la maison.

Nous avions un excellent professeur de français qui a su développer mon goût pour la lecture, me faisant découvrir des auteurs comme Pagnol, Cronin, Balzac et bien d'autres. En fin d'année scolaire a eu lieu un évènement qui allait avoir une grande portée sur la direction que j'allais donner à ma vie. Nous avons eu la visite d'un conseiller d'orientation scolaire qui nous fit une grande démonstration sur le fait qu'il n'y avait pas de débouché dans notre filière et que nous avions tout intérêt à poursuivre nos études en nous dirigeant vers un établissement technique. Ainsi, au lieu de poursuivre mes études au lycée du Portail Rouge dans une seconde C, en septembre 1967, je suis entré au lycée Étienne Mimard en seconde F3, en vue d'obtenir un bac électrotechnique. Ce choix étonna beaucoup mon professeur de mathématiques.

Un matin d'avril 68, nous avons appris que les professeurs se mettaient en grève. Je pensais retourner chez-moi, mais il nous fut précisé que nous allions occuper les classes. Immédiatement, les élèves se sont mis à fumer dans la salle de classe, et l'atmosphère est devenue rapidement insupportable pour le non-fumeur que j'étais. Le lendemain, quand il s'est avéré que nous allions encore occuper les locaux, je me suis esquivé dans les couloirs et, passant par l'arrière du lycée pour ne pas me faire repérer, je suis rentré chez moi. Le jour suivant, je suis parti à vélo et, quand je suis arrivé au lycée, des piquets de grève se tenaient devant l'entrée : la grève était reconduite. J'ai donc opéré un demi-tour et ne suis plus revenu. Vous connaissez la suite : mai 68 ! Je suis parti au Crozet de Luriecq pour aider mon oncle Marius en l'absence de ma tante Menie.

Ne pensez pas que Gaston soit resté tranquille durant la fin de sa scolarité. J'avais pris l'habitude de sauter une volée d'escaliers d'une seule traite lorsque je descendais des salles de classe du premier. Pour cela, je me penchais en avant, la main droite appuyée le plus loin possible sur la rampe, et me lançais dans le vide pour me réceptionner au bas de la dernière marche. Malheureusement pour moi, un jour, mon pied tomba en appui sur le bord de la dernière marche, la cheville plia et j'allais m'affaler sur le palier, me retrouvant avec une entorse magistrale.

Notre épicier étant un excellent chiropracteur, il me remit la cheville en place et la banda fermement. Comme il y avait un bel hématome, il me recommanda le repos complet. Oui, mais voilà, je faisais partie de l'équipe de basket de notre école, nous avions un match ce jour-là, et de surcroît, nous n'étions que cinq, car les autres membres de l'équipe étaient absents ! Soit, je déclarais forfait et nous perdions le match, soit, je jouais malgré ma blessure. Chaussant des baskets montantes, je serrais les lacets au maximum pour maintenir la cheville et jouais tout le match. Le lendemain, j'avais sport de plein air et, puisque nous étions en hiver, c'était du ski. Comment renoncer ? Ma cheville devrait tenir, un point c'est tout ! Et elle tint le coup, même si elle me chauffait pas mal en fin d'après-midi.

Le jour suivant, j'étais invité à un mariage, comment résister à l'envie d'aller danser ? Impossible, n'est-ce pas ? Pourtant je dansai toute la nuit et malgré ce que je lui avais fait subir, ma cheville finit par guérir. Gaston avait encore réussi un exploit.

Pour ce qui est de mes études, j'ai redoublé la seconde et suis allé jusqu'au bac F3 (électrotechnique) où j'ai échoué. Il faut dire que j'avais pas mal de circonstances atténuantes au regard de tout ce qui se passait à la maison.

# XXIII
# Ski

Septembre 69 me trouva en première. Une fois par semaine, nous avions quatre heures de sport de plein air. Une partie de l'année, nous faisions de la voile à Saint-Victor-sur-Loire, sur la retenue d'eau du barrage de Grangent. Une autre partie de l'année, nous jouions au football et enfin, l'hiver, nous allions à Chalmazel faire du ski. L'école nous fournissait tout l'équipement (skis, bâtons, chaussures), nous payait le forfait du remonte-pente et le transport en car, puisqu'il y avait une bonne heure de route. J'ai donc appris à skier. Au départ, ce fut très laborieux. On nous apprit à faire une conversion (tourner sur place), puis à tourner en chasse-neige. Pour cela, il suffit d'écarter les skis, pointes rapprochées, de ramener un ski en parallèle à celui qui est orienté dans la direction souhaitée, et de renouveler l'opération autant de fois que nécessaire. Cependant, les leçons m'ennuyaient et, casse-cou comme je l'étais, je me suis lancé seul sur la piste avec moult gamelles en prime. Ma mère m'avait acheté un beau fuseau beige (c'était la tenue de l'époque, rien à voir avec les combinaisons d'aujourd'hui).

Un jour, me voilà parti en trolleybus rejoindre le car qui nous emmènerait de l'école à Chalmazel. C'était une belle journée et je m'escrimais à descendre la piste sans me casser la figure. Encore gauche, j'exécutais des « conversions » pour faire demi-tour. Et voilà que je me rate et fais un grand écart. J'entends un crac sinistre au niveau du postérieur : la couture avait craqué sur au moins quinze centimètres. N'ayant pas de tenue de rechange, je sentais un courant d'air sur les fesses. Et, pour rentrer à la maison, il me faudrait raser les murs et reprendre le trolleybus !

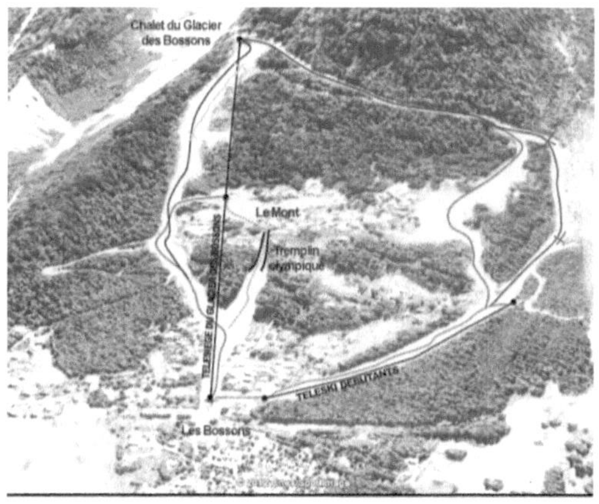


En avril, l'école nous proposa un stage de ski de quinze jours dans les Alpes. Le coût était si bas que ma mère accepta que j'y participe. Notre école avait loué un grand chalet au glacier des Bossons. Les pistes se trouvaient juste en dessous. Aujourd'hui, avec le réchauffement climatique, il ne reste plus que la partie haute de ce glacier. Il y avait un télésiège et, la piste principale étant noire, j'empruntais les pistes annexes. Je n'étais toujours pas très doué, aussi avais-je la fâcheuse tendance à me ramasser toujours les mêmes gamelles aux mêmes endroits (voir les croix sur la piste de droite l'image ci-dessus). À la fin de la première journée, j'avais un magnifique bleu sur le haut de la cuisse droite. Les jours passant, ce bleu prit de l'ampleur et des teintes violacées.

Voilà qu'un jour une jolie fille se trouvait sur le télésiège juste devant moi. Je voulus la suivre, mais elle emprunta la piste noire. Je m'y engageai aussi et ça n'a pas traîné : je me suis retrouvé à plat ventre dans la descente. Ma parka en nylon faisant office de luge, je ne pouvais plus m'arrêter. Je dévalais la pente à toute vitesse et commençais sérieusement à m'inquiéter (voir le tracé sur la piste de gauche sur la même image). Heureusement pour moi, je n'avais pas lâché les bâtons et avais toujours les deux skis aux pieds. J'eus l'idée de me retourner en faisant passer mes jambes par-dessus ma tête pour que mes skis se retrouvent devant et non derrière. C'est ainsi qu'en appui dessus, je pus finalement m'arrêter. Je ne me décourageais pas pour autant et achevais la descente. Comme vous le devinez, cette jolie fille, m'ignorant totalement, ne sut jamais les progrès fantastiques qu'elle avait suscités tandis qu'elle disparaissait dans le paysage au milieu d'un nuage de neige. Avant la fin du stage, je dévalais la piste noire sans chuter.

Donc la journée, c'était le ski, et le soir, des parties de tarot interminables. Si vous ajoutez d'excellents repas, une journée sur le domaine skiable de Plan Praz, au-dessus de Chamonix, vous comprendrez que je me suis régalé pendant ces quinze jours dans les Alpes.

Pour en finir avec mes « exploits » au ski (je n'en ai pas fait souvent dans ma vie), je dois vous raconter la fois où, des années plus tard, je me trouvais au départ du « tire-fesses ». Lorsque je l'enfourchais, mes skis restèrent collés au sol (je ne savais pas alors qu'il fallait les frotter sur la neige). La canne se tendit, les skis résistèrent, jusqu'à ce que soudain, je sois projeté en l'air et atterrisse quinze mètres plus loin. Je me retrouvais à plat ventre, la poitrine endolorie, le souffle coupé, tandis que tout le mécanisme s'arrêtait pour permettre au personnel de me porter secours. Tout cela sous le regard stupéfait et inquiet des nombreux skieurs qui attendaient leur tour et de celui plus inquiet encore de mon épouse. J'en fus quitte pour retourner chez le loueur et faire farter mes skis. Ah ! ce Gaston !

# XXIV
# Bons moments

Même si vous menez une existence difficile, dans la vie, il n'y a pas que de mauvais moments.

Mes parents aimaient jouer aux cartes. Je crois bien que j'ai su jouer à la belote avant de savoir lire. Il m'a suffi de me mettre derrière mon père et d'observer sa façon de jouer. Très vite, avec mes frères, nous nous lancions dans des parties qui n'en finissaient pas. De la belote, nous sommes passés à la coinche. Dans la région stéphanoise, nous ne distribuons que six cartes à chaque joueur avant de faire les annonces. Après celles-ci, nous donnons les deux dernières cartes. Je trouve que cette convention ajoute du piment au jeu, car il y a plus d'incertitude.

Il y avait des soirs où on nous envoyait au lit alors que la plupart des joueurs continuaient la partie. Bien entendu, avec Jean-Marie, nous n'étions pas contents. Jaloux de nos sœurs par exemple, et bien décidés à nous venger, nous prenions un long fil de cuivre rigide d'environ un millimètre de diamètre, tortillé sur lui-même et dont les deux extrémités ramenées parallèlement pouvaient être insérées dans une prise électrique. Nous maintenions ce fil à l'aide d'une paire de ciseaux enveloppée dans un mouchoir et, insérant les deux bouts dans la prise de notre chambre, nous provoquions un court-circuit qui faisait sauter les plombs. La maison se retrouvait alors plongée dans le noir. Immanquablement, mon père venait nous demander si nous savions ce qui s'était passé et nous jouions les innocents. Comme nous l'avons fait à plusieurs reprises, j'imagine qu'il n'était pas complètement dupe : il changeait les plombs et leur partie reprenait.

Rapidement, je fus admis dans le cercle des grands et, comme nous étions nombreux, nous organisions régulièrement deux tables de jeu.

À dix ans, mon père m'apprit, ainsi qu'à Jean-Marie et à Alain, à jouer au tarot. Ce jeu de cartes devint mon favori pendant de nombreuses années. Avec mes frères, il nous est arrivé de jouer du réveil jusqu'au coucher. Ayant une excellente mémoire des cartes, je détectais la moindre erreur. À la coinche, je pouvais même deviner quelles cartes j'allais recevoir après les annonces, en fonction des plis tombés lors du jeu précédent et des cartes que j'avais en main.

Je me suis passionné pour les jeux de cartes, et aujourd'hui j'en connais des dizaines.

Mes parents aimaient danser. Très tôt, ils nous emmenèrent dans les bals de campagne lors des fêtes communales. C'étaient des fêtes conviviales où parents et enfants s'amusaient ensemble. Je faisais danser les petites paysannes de mon âge, parfois jusqu'à trois heures du matin.

À cette époque, le samedi midi, il y avait une émission radiophonique, qui proposait de la valse musette pendant une demi-heure. Nous ne la manquions jamais. Dès les premières notes de musique, en plein repas, nous nous levions tous les huit et nous mettions à danser deux par deux autour de la table.

Lors de certains repas du soir, sans doute les jours où les finances étaient à sec, mes parents (le plus souvent mon père), préparaient une bouillie à base de farine, de lait et de sucre que nous appelions « le papa ». Il en faisait une belle quantité que nous pouvions manger à volonté dans un grand bol. Le repas fini, après avoir « nettoyé » notre bol, nous le retournions sur la table pour le retrouver tel quel le lendemain matin au petit déjeuner.

# XXV
# Dédé

Comme je vous l'ai déjà dit, j'ai fait sa connaissance lorsque nous sommes venus habiter à Clairville. Très vite, nous sommes devenus copains. De ce fait, nous passions beaucoup de temps ensemble. C'est avec sa luge que je me suis assommé. J'ai de nombreux souvenirs de moments passés en sa compagnie.

Tous les deux, nous aimions jouer au football et, comme il avait un ballon, nous nous retrouvions chaque semaine sur le petit terrain en bas du parc. Nous pouvions jouer pendant des heures. Je ne savais pas m'arrêter : « encore un but ! ». Parfois, j'étais tellement épuisé que l'idée de gravir la montée jusqu'à la maison me rebutait. Alors, je retardais l'échéance. Arrivé à la maison, je pouvais boire jusqu'à un litre et demi d'eau d'un seul trait. Un vrai chameau !

C'est sur ce petit terrain que je me suis cassé le coude. J'ai toujours sous les yeux les images de cet accident. Je voulais shooter et mon adversaire également. Nous avons tapé sur le ballon à la même fraction de seconde nos pieds en opposition sur le ballon. Ce dernier s'est comprimé et a réagi comme un puissant ressort. Nos pieds sont repartis en sens inverse et en ce qui me concerne, j'ai été déséquilibré. Emporté par mon élan je suis tombé sur la gauche le bras tendu en avant, et lorsque ma main s'est posée sur le sol mon bras s'est plié en deux au niveau du coude, mais à l'envers. Quand j'en ai parlé à mes parents, mon bras avait doublé de volume, devenant dur comme du bois. Je m'étais fait une fracture de l'olécrane. J'ai été emmené à la clinique et là le docteur a actionné mon bras pour le plier avant de le plâtrer, m'arrachant un cri de douleur. Évidemment, c'était un travail de bourreau et du mauvais travail. À partir de ce jour, je n'ai jamais pu replier mon bras normalement. Le coude se bloque alors que ma main se trouve encore à 23 cm de l'épaule. Lorsque j'ai été déplâtré, j'ai dû voir un chiropracteur, car j'avais des nerfs déplacés jusque dans le cou. L'olécrane s'est sans doute ressoudé de travers, ce qui fait que l'articulation se bloque avant d'arriver en fin de course.

À cette époque, les gamins de la cité me surnommèrent « l'araignée ». Grand et maigre, je ne pesais que 62 kilos pour 1m85. Chaque fois que j'arrivais sur notre petit terrain de football, j'avais droit à ce refrain : « araignée du matin, chagrin ; araignée du soir, espoir ! »

Dans la salle annexe du café que sa maman tenait, Dédé avait installé, avec l'autorisation de ses parents, un billard électrique. Nous y jouions très souvent ensemble : il avait la clef du billard et pouvait nous obtenir des parties gratuites. De ce fait, nous nous en donnions à cœur joie. Ensuite, il installa un baby-foot. Que de parties nous avons faites ensemble ! Souvent, je faisais équipe avec Alain, mon cadet. Nous étions devenus très forts à ce jeu. Parfois, la salle était pleine de jeunes joueurs impatients d'en découdre. Les équipes se succédaient pour essayer de nous battre. Lorsqu'un nouveau duo se présentait pour prendre les gagnants, il posait sur le baby-foot une pièce de monnaie qui servait à payer la prochaine partie. Il n'était pas rare que nous passions deux ou trois heures à jouer gratuitement.

C'est Dédé qui m'a fait connaître « Adamo ». Il avait un électrophone dans sa chambre. C'était l'époque de la chanson : « Vous permettez, Monsieur… ».

Plus tard, il installa un jeu de boules dans la cour en contrebas, pour jouer à la lyonnaise (ou à la longue, si vous préférez). J'aimais beaucoup y jouer ou observer les parties en cours.

C'est avec lui que mes frères et moi allions régulièrement aux châtaignes lorsque c'était la saison. Nous en ramassions une belle quantité, nous piquant immanquablement les doigts en essayant de les dégager de leur bogue. Nous allumions alors un petit feu de bois que nous entourions de pierres sèches, fendions quelques châtaignes et les faisions griller dans la braise. Nous nous brûlions les doigts en les épluchant. Quel délice, que ces fruits parfumés, bien grillés, que nous dégustions encore très chauds ! Puis un jour, ayant trouvé une grille métallique, nous nous en sommes servi pour les faire cuire. Après usage, nous la cachions pour pouvoir la retrouver lors de notre prochaine expédition. Nous nous amusions toujours à jeter dans les braises des châtaignes non fendues pour qu'elles explosent sous l'effet de la chaleur.

Une fois notre repas terminé, nous éteignions les quelques braises qui restaient en pissant dessus, chacun à son tour, et ça nous faisait rire ! Il nous est arrivé quelquefois de nous faire courir par les paysans lorsque nous allions récolter leurs châtaignes qui étaient bien plus belles que celles des châtaigniers sauvages. Nous ramenions nos récoltes à la maison avec l'assurance, dans les jours qui suivaient, d'avoir des châtaignes au menu pour notre plus grand régal.

Avec Dédé, je me rendais régulièrement au stade Geoffroy Guichard, surnommé affectueusement par les stéphanois : « le chaudron ». C'était la grande époque des « Verts ». Nous allions parfois voir les joueurs s'échauffer avant le match sur un terrain annexe. Tout au bord du terrain, nous pouvions approcher de très près les stars du moment. L'ambiance extraordinaire qu'il y avait dans le chaudron, en particulier lors des matchs de Coupe d'Europe, reste gravée au plus profond de moi. J'entends encore les cris, les chants, les tambours, les applaudissements, les encouragements : « Allez les verts ! Allez les verts ! ». Je revois certains matchs, comme celui où Saint-Étienne fut éliminé par Benfica. Les joueurs de cette équipe commettaient tellement de fautes d'antijeu qui ne furent pas sifflées et auraient pourtant mérité des cartons jaunes, ou carrément des expulsions, qu'un profond sentiment d'injustice m'animait.

J'étais présent en 1969, le jour où l'A.S.S.E. a éliminé le Bayern de Munich. Les Verts avaient perdu 2 à 0 au match aller, cependant ils réalisèrent un exploit en gagnant 3 à 0 à domicile. C'était l'époque des Sepp Maier, Franz Beckenbauer et Gerd Muller, et aussi des Aimé Jacquet, Jean-Michel Larqué, Georges Beretta et bien d'autres.

Je revois certains buts, comme celui de Kevin Keegan, joueur de Liverpool qui élimina Saint-Étienne en mars 1977 : sur un corner joué à deux, il avait mis un ballon enroulé en pleine lucarne. Lors d'un autre match, Salif Keita marqua un but incroyable dans un angle complètement fermé sur la droite des cages. Et que dire des « une-deux » entre Keita et Hervé Révelli, des envolées de Dominique Rocheteau, « l'ange vert », ou des reprises de volée de Jean-Michel Larqué ?

À propos de ce dernier, vous ne savez peut-être pas que, pour passer son diplôme de professeur d'éducation physique et sportive, il a fait un stage au lycée Étienne Mimard aux côtés de Pierre Burellier. Champion de France militaire et universitaire de course de vitesse à pied, Pierre Burellier était à l'époque mon professeur dans cette matière.

Un jour où nous avions sport de plein air, nous sommes partis en bus avec nos deux professeurs qui discutaient entre eux. Nous sommes finalement arrivés au terrain de football. Imaginez comme j'étais fier d'avoir marqué trois buts devant Jean-Michel Larqué ce jour-là. Sur le chemin du retour, il s'adressa à un élève qui s'appelait Champion, lui demandant s'il jouait dans une équipe. Et, comme il répondait par l'affirmative, il lui dit que ça se voyait. Mes trois buts, cependant, il n'avait pas dû les voir puisqu'il n'y fit même pas allusion. Je dus ravaler ma fierté.

Mon amitié avec Dédé se brisa vers nos seize, dix-sept ans. J'acceptais mal le fait que mon père s'enivre dans le bar de ses parents. Pour moi, il avait été davantage un camarade de jeu qu'un véritable ami. N'ayant pas les mêmes idées sur nombre de sujets, nous nous sommes peu à peu éloignés l'un de l'autre.

# XXVI
# Désintoxication

Au cours des années vécues à Clairville, mon père a subi deux cures de désintoxication. Autant que je me rappelle, la première fut imposée par le tribunal à la suite du grave accident en état d'ivresse qu'il avait eu à Saint-Étienne.

L'objectif de la cure, dans un établissement spécialisé, était de provoquer le dégoût de l'alcool : un traitement médical est administré au patient, puis on lui fait ingurgiter des boissons alcoolisées jusqu'à le rendre malade. Il semblerait que, dans son cas, les médecins ne purent jamais aller jusqu'au bout, car il tombait en syncope et risquait un arrêt cardiaque.

Durant ces périodes, mon père était placé en longue maladie. À chaque fois, lors de son retour de cure, il s'abstenait de boire tant qu'il restait à la maison. C'étaient des périodes d'accalmie, la vie était agréable. Quand il n'était pas sous l'emprise de l'alcool, mon père se montrait aimable. Il pouvait être doux et gentil.

Pendant la guerre, il avait été cuistot dans la marine, aussi était-il capable d'aider ma mère à préparer les repas. Il avait ses plats de prédilection : j'ai déjà parlé du « papa ». Il cuisinait également des « râpées de pommes de terre ». Quand c'était le cas, il y avait toujours la râpée spéciale « Christian et Claudius », avec beaucoup d'ail. Il préparait aussi des escargots en persillade. Au moment où j'écris ces lignes, je vois dans ces deux plats dont je suis devenu un spécialiste, l'empreinte de mon père sur ma vie.

Mon épouse vous dira que je sais très bien cuisiner un « barboton » (plat à base de pommes de terre et de lard), des petits pois aux lardons, des épinards avec des croûtons, ou vous faire une béchamel. J'aime confectionner des bugnes et elle m'a suggéré de vous en donner la recette.

Il vous suffit de mélanger et de pétrir ensuite 500 gr de farine avec 2 œufs, 20 cl de crème épaisse, de la levure de boulanger, 3 cuillerées à soupe de sucre en poudre, 1 zeste de citron ou d'orange, 1 sachet de sucre vanillé, 1 pincée de sel et 1 cuillerée à café de bicarbonate de soude alimentaire. Laissez reposer votre pâte une heure, puis retravaillez-la un peu avant de l'étaler au rouleau et de la découper en bandes de 3 cm de large, coupez en diagonale tous les sept centimètres environ. Faites une fente au milieu et passez une extrémité dans la fente. Laissez reposer quelques minutes puis faites cuire vos bugnes dans un bain d'huile. Roulez-les dans du sucre glace et régalez-vous !

Bien des moments agréables décrits plus haut ont eu lieu lors des périodes où mon père ne buvait pas. Cependant, dès que sa santé s'améliorait, la médecine du travail le déclarait apte à reprendre le boulot. Il était magasinier et travaillait pour l'E.D.F. dans un entrepôt très proche de la maison. Or, sur son lieu de travail, son chef et ses collègues l'incitaient à boire. Il ne fallait guère plus d'une semaine pour que reviennent les jours sombres, avec leur cortège de souffrances. Les choses se sont passées exactement de la même manière lors de ses deux cures de désintoxication. Je vous avoue qu'avec Jean-Marie, nous avions des envies de vengeance et beaucoup de violence contenue, mais nous n'étions que des adolescents !

Nous allions voir la télé les jeudis après-midi chez des voisins, la famille Vallon. Le père, qui était alcoolique, s'était totalement débarrassé de son vice après une cure de désintoxication et la vie de cette famille nombreuse avait complètement changé à partir de ce moment-là, ce qui nous rendait quelque peu envieux.

# XXVII
# Les méfaits de l'alcool

Il est terrible de mesurer à quel point des épouses, des enfants, peuvent souffrir des méfaits de l'alcool. Avant la construction du quartier de la Métare et du prolongement de la ligne de trolleybus qui s'arrêtait au rond-point tout en haut du Cours Fauriel, tous les habitants du parc de Clairville passaient devant le café Brenier avant de rentrer à la maison. Il n'y avait pas une seule allée, sur les dix que comptaient les bâtiments, où il n'arriva un drame dû à l'alcoolisme.

Un de nos voisins abattit son épouse avec un fusil de chasse, un autre se pendit, une voisine tua son mari à coups de hache. Dans certains foyers, c'étaient des disputes qui s'étalaient au grand jour. Il y avait ces familles privées d'électricité parce que les factures n'étaient pas payées, et la maisonnée souffrait non seulement de malnutrition, mais aussi du froid, car l'argent du ménage avait été englouti dans l'alcool.

Je sais que certains buveurs avaient une ardoise au café Brenier et soldaient leurs consommations le jour de la paye, mettant ainsi à mal le budget familial.

Mon père vouait un véritable culte à sa bouteille. Il disait souvent que l'alcool lui avait sauvé la vie. Combien de fois il nous a raconté comment ! Alors qu'il se trouvait sur un contre-torpilleur pendant la guerre, manquant de vin dans la cambuse où il travaillait, il alla en chercher, dans la soute du navire. C'est alors qu'une bombe explosa. Lorsqu'il remonta, la cuisine était détruite, tous les camarades qui s'y trouvaient étaient morts.

Un jour, mes deux sœurs décidèrent de vider ses bouteilles dans l'évier, espérant l'aider à cesser de boire. À genoux au milieu de la cuisine et tenant à deux mains son litre serré contre sa poitrine, il les suppliait de lui laisser sa bouteille. Bien que mes sœurs lui aient demandé s'il avait plus d'amour pour sa bouteille que pour elles, rien n'y fit. Devant ce spectacle affligeant, combien il était difficile pour l'adolescent que j'étais de constater dans quelle déchéance il était tombé !

Mon père s'enivrait avec toutes sortes de boissons alcoolisées. Tout comme Picasso a eu sa période rose ou bleue, lui a eu ses périodes de soûleries : au vin, toujours bas de gamme, à la bière, au pastis (qu'il fabriquait lui-même à partir d'anis concentré sous forme de doses, et d'alcool de fruits qu'il achetait chez les paysans). Quand nous étions à Montchouvet, il cachait des bouteilles partout, à la cave, dans la source de la maison de derrière, dans la boutasse du pré, etc. Et quand il s'éclipsait, c'était toujours pour aller boire un coup. Il était même capable de boire de l'eau de Cologne quand il n'avait rien d'autre sous la main !

Je voudrais parler d'une chose, et même deux, que je n'ai jamais comprises. La première, c'est le fait que mon père, lorsqu'il se réveillait après avoir dormi parfois plus de 30 heures, ne se souvenait de rien. Il est arrivé qu'il se blesse au visage. Remarquant ses blessures au réveil, il voulait savoir ce qui lui était arrivé. Il nous accusait même de l'avoir frappé alors que nous n'avions fait que le protéger. Était-il vraiment possible qu'il ne se rappelle rien ou nous a-t-il joué la comédie toute sa vie ?

La deuxième : il est arrivé à plusieurs reprises que les pompiers ou les gendarmes viennent à la maison alors qu'il était en crise. Parfois, c'étaient des voisins qui les avaient appelés en raison du tapage nocturne occasionné dans l'immeuble. Et là, surprise ! À chaque fois, mon père les accueillait comme si de rien n'était : la crise s'arrêtait instantanément. C'était à n'y rien comprendre. Était-ce une montée d'adrénaline qui agissait sur son cerveau ? Comment pouvait-il passer de l'état d'agitation extrême à celui d'homme normal et debout ? Je me suis toujours posé la question et me la pose encore. Si vous avez la réponse, je veux bien l'entendre.

# XXVIII
## Nos vélos

J'ai fait du vélo pour la première fois de ma vie sur celui de Dédé. Il venait de recevoir sa nouvelle bicyclette, mais pas avec des petites roulettes à l'arrière, un vrai vélo, quoi ! Alors, nous sommes allés dans un endroit tranquille pour en faire. Je me souviens de la topographie des lieux. C'était une portion de route goudronnée, bordée d'arbres sur la gauche. Sur la droite, il y avait un fossé cimenté qui longeait un mur.

Je lui demandais à plusieurs reprises de me laisser faire un tour. Finalement, mon copain me prêta son engin, mais je n'en avais jamais fait ! Au départ, tout alla très bien, jusqu'au moment où, perdant l'équilibre, je m'approchai dangereusement du fossé. Paniquant, incapable de freiner, je tombai dans le fossé et m'abîmai la main contre le mur. Heureusement pour moi, il n'y eut pas trop de casse, quoique mon ami ne soit pas très content de voir sa bicyclette toute neuve quelque peu égratignée.

Le vélo de Jean-Marie : un jour, il y eut une course de cyclocross qui passa par la montée Champollion. Sans doute à la suite d'une chute, le « cadavre » d'un vélo de course y fut abandonné sur le bas-côté. Au bout de quelques jours, comme il était toujours là, nous avons décidé de le récupérer. Mon frère avait l'intention de le remonter pour sa propre utilisation. Il ne manquait que les roues, si j'ai bonne mémoire. Évidemment, je souhaitais moi aussi avoir un vélo. Je demandai donc à mes parents l'autorisation de m'en payer un, d'autant plus qu'à leur grand étonnement, j'avais l'argent nécessaire. Alors, je me suis acheté un vélo demi-course, de marque « Hirondelle », à la manufacture d'armes et cycles de Saint-Étienne. Il était d'un beau bleu, mais j'avais démonté les garde-boue pour l'alléger et lui donner l'apparence d'un vélo de course.

Et c'est ainsi qu'avec Jean-Marie, nous avons commencé à faire des balades. Ce qui est amusant, c'est que la plupart de mes souvenirs à ce sujet se résument à des chutes mémorables. Très peu de temps après, un voisin donna à Alain un vélo d'occasion. Il s'agissait d'un vélo d'enfant, plus petit que les nôtres (précision importante pour comprendre notre première belle gamelle).

Ce jour-là, nous étions trois : un copain, Alain et moi. C'était au départ de la balade, sur la route entre le lycée et notre bâtiment. Voilà que mon petit frère veut me dépasser, cependant il me serre d'un peu trop près, m'amenant à me déporter sur la gauche de la route. Il engage son guidon dans ma roue arrière qui se bloque net. Comme j'ai anticipé la situation, je me retrouve debout, collé à l'avant du guidon, tandis qu'Alain passe par-dessus moi et atterrit dans le fossé gauche. Il ne se fit aucun mal, et nous en fûmes quittes pour une belle rigolade.

Pour ce qui était de son vélo, Jean-Marie était un « maniaque ». Il fallait que tout soit bien huilé, bien graissé, que son vélo fonctionne sans le moindre bruit insolite. Chaque année, il le démontait entièrement, nettoyait chaque pièce avec du pétrole, et le remontait en graissant tous les rouages. Pour ma part, j'étais aux antipodes. Alors que nous étions à Montchouvet, il entreprit de bichonner son vélo. Il me tança parce que, selon lui, j'étais trop négligent. Il décida même de régler la tension des rayons des roues qui étaient légèrement voilées. Puis, nous sommes partis en balade, Alain, lui et moi. Après environ deux kilomètres, nous sommes arrivés à La Chapelle-en-La Faye, et là, passant sur un nid de poule, sa roue avant s'est mise d'un seul coup en huit, le vélo s'est bloqué net et notre frère est passé par-dessus le guidon en un magnifique soleil. Pauvre Jean-Marie qui dut essuyer nos quolibets ! Que faire ? Après concertation, il fut décidé qu'Alain rentrerait à pied en traînant le vélo abîmé tandis que nous deux continuerions jusqu'à Saint-Bonnet-le-Château pour faire réparer la roue voilée. Jean-Marie emprunta donc le petit vélo d'Alain, tenant le guidon d'une main et la roue de l'autre. Juste un peu plus loin, au niveau des Granges, il y avait une belle petite descente qui se terminait par un virage à droite assez serré. Voulant utiliser la main droite pour freiner, mon frère essaya de faire passer la roue dans sa main gauche et là : nouveau soleil ! Une belle gamelle en pleine vitesse ! Ce qui est triste, c'est que j'en rigole encore ! À Saint-Bonnet, le réparateur de cycles nous fit comprendre qu'il n'y avait qu'une solution : la jante étant morte, il fallait la changer.

C'est avec Alain que j'ai parcouru le plus de kilomètres. Nous faisions souvent la course, et je dois dire qu'il était vraiment beaucoup plus fort que moi. Si j'étais un très bon rouleur, donnant souvent le tempo quand nous parcourions de longues distances, lui était un super grimpeur. De plus, j'étais pourtant un excellent descendeur. Nous faisions souvent des courses contre la montre, et si je lui prenais du temps dans les descentes, il n'avait aucun mal à me rattraper en côte et à me dépasser. J'avais le sens des trajectoires et mettais tous mes compagnons de route dans le vent lors des descentes. Je me souviens d'un jeune voisin qui voulut me suivre dans la descente de Rochetaillée sur la route du bas, celle du Bernay. J'étais arrivé au niveau du transformateur de l'E.D.F. et, comme il ne me suivait plus, je me suis arrêté et l'ai attendu. Cinq minutes, dix minutes, il n'arrivait toujours pas. J'ai donc repris la route en sens inverse. Après deux ou trois kilomètres, je l'ai aperçu : il avait le visage en sang, le pauvre ! Je m'approchais de lui pour voir comment il allait et savoir ce qui s'était passé. Il avait raté un virage et s'était cogné contre la paroi rocheuse. Il aurait pu se faire très très mal.

J'ai bien failli faire la même chose que lui la fois où je suis parti avec Gustave (un ami dont je vous parlerai un peu plus loin). Lui était à mobylette, nous étions montés au Bessat. Au retour, j'avais décidé de faire la descente à fond la caisse. J'allais si vite que mon ami n'arrivait pas à me suivre. Avant de poursuivre ce récit, il faut que je vous parle d'un jeu auquel je me livrais avec mon vélo en hiver quand il y avait de la neige glacée sur le sol du parking de Clairville. Je jouais à déraper sur la neige pour opérer un demi-tour sans descendre de vélo et sans tomber. Je dois avouer qu'au début je tombais à chaque tentative, mais, avec du temps et de la persévérance, j'y parvenais presque à chaque fois. La technique : commencer à tourner, freiner de l'arrière (ce qui vous fait déraper), relâcher les freins au bon moment, et se dresser sur les pédales.

Donc, ce jour-là, je descendais à toute vitesse, il y avait une grande ligne droite et au bout, un virage à gauche très serré. J'avais une vue plongeante sur la route bien au-delà de ce virage et apercevais une voiture qui montait en sens inverse (il n'y avait pas la végétation qui, aujourd'hui, gêne la vision). Je me suis dit que, si j'accélérais encore, j'arriverais avant elle dans le virage, ce qui me permettrait de le couper et de le passer sans freiner. Mais plus je déployais d'énergie, plus je me rapprochais du tournant, et plus il devenait évident que j'y croiserais la voiture. Je pouvais être à 70 km/heure, voire plus (pour les spécialistes, j'avais un 52/11 comme développement). Déjà dans le virage, je dus me résoudre à freiner de l'arrière. La roue commença à déraper. J'aurais dû m'envoyer en l'air, mais réussis à me rattraper sans tomber et sans toucher la voiture. Au moment où je relâchai les freins et me relançai, je ressentis un choc violent sur la roue arrière. Tout tremblant de la frayeur que je m'étais donnée, je m'arrêtai une centaine de mètres plus bas, et découvris que ma roue arrière s'était complètement voilée. Gustave, qui avait assisté à la scène de très loin, persuadé que je raterais mon virage et irais dans le décor, fut soulagé.

Une autre fois, nous allions à Dunières, nous étions cinq ou six et devions retrouver à la gare des amis qui étaient montés par le petit train. Comme toujours, nous faisions la course entre nous et, dans la descente de Riotord, je faussai compagnie à notre groupe, lui prenant deux ou trois cents mètres d'avance. Seulement voilà, ce jour-là, sur le faux plat menant à Dunières, je dus lutter seul contre un vent de face très violent et m'épuisais, alors que derrière moi, mes amis se relayaient pour me rattraper. C'est ce qu'ils firent quelques centaines de mètres avant d'entrer dans le village. La tension monta d'un cran dans le groupe qui se préparait au sprint final et je me rendais bien compte que j'étais cuit, que je ne pourrais pas disputer l'emballage final. Le groupe accélérait de plus en plus et le sprint fut lancé, me laissant sur place. L'arrivée à Dunières est particulière : si vous allez tout droit, vous retournez sur Saint-Étienne par la route de Marlhes. Pour rentrer dans le village et aller à la gare, il faut tourner à gauche. Les sprinteurs partirent tout droit, comme des flèches, oubliant de tourner à gauche. Lorsque j'arrivais à l'intersection, je les appelais, mais ils étaient déjà loin. Ils ne purent plus me rattraper et j'arrivai en vainqueur à la gare sous les ovations du public.

Le vélo, c'est parfois très dur. Un jour, je montais vers le Bessat par un vent contraire très fort. J'étais avec mon plus jeune frère, Bernard. C'était sa première grande balade, il n'avait donc pas d'entraînement. De surcroît, comme il avait de petits mollets de coq, je ne pensais pas qu'il puisse arriver en haut. Tout au long du chemin, je ne cessais de l'encourager, lui fixant de petits objectifs. Finalement, nous arrivâmes au sommet après une montée de 15 km avec environ 600 m de dénivelé. Je revois la tête de mon frère à l'arrivée, ses cheveux blonds ébouriffés, couvert de sueur, le visage marqué par l'effort, mais tellement fier de lui ! Je l'étais aussi.

Nous avons aussi fait quelques balades avec mon nouvel ami, Bernard Arnaud, et son jeune frère Jean-Claude. Parfois, nous parcourions une cinquantaine de kilomètres pour nous rendre dans leur résidence secondaire de Marcilly-le-Pavé (Marcilly-le-Châtel aujourd'hui), ou bien nous montions ensemble à Montchouvet. Quand nous passions par Montbrison, nous tirions la langue dans la côte au-dessus de Saint-Jean-Soleymieux. C'est au retour d'une de ces virées que mon pneu avant a touché le pneu arrière de Bernard qui, voulant se dégager, m'a envoyé valdinguer. Jean-Marie et Alain étaient avec nous ce jour-là et, comme ils me suivaient dans les roues, ils n'ont pu m'éviter et m'ont roulé dessus. Une belle gamelle collective ! Je n'avais pas trop de mal, mais mon vélo était vraiment abîmé, la roue arrière bien voilée : j'ai dû desserrer les patins des freins arrière pour achever les 30 derniers kilomètres.

À Marcilly-le-Pavé, nous avions décidé de visiter le château, une ruine construite sur la hauteur de village, et bien sûr, nous avons voulu grimper sur les remparts. Mais il n'y avait pas d'escaliers pour cela. Nous nous sommes donc servi des lierres qui avaient escaladé la muraille bien avant nous. « Gaston » était encore là. Arrivé pratiquement en haut du rempart, il a voulu prendre prise sur une pierre saillante qui avait la taille et la forme d'un gros pavé. Mais elle n'était pas très solidaire de la muraille et s'est détachée, lui tombant dessus. Il ne pouvait la retenir. Il l'a donc guidée comme il a pu et elle est tombée sur sa cuisse, juste au-dessus du genou. Par chance, elle est tombée à plat, lui écrasant le muscle, puis a continué sa chute. Heureusement, il n'y avait personne juste en dessous de lui. « Gaston », bien suspendu au lierre, n'a pas lâché prise et a réussi à terminer son ascension malgré la douleur.

Les chutes à vélo, il y en a de toutes sortes. En ce temps-là, nous n'avions pas de plaques sous la semelle ni de chaussures spéciales, seulement des cale-pieds munis de courroies que nous devions serrer dès que nos baskets y étaient engagées. À l'arrêt, il ne fallait pas oublier de desserrer les cale-pieds, sinon c'était la chute assurée, une chute sur place il est vrai, mais, sur le goudron, vous pouviez vous faire très mal si la réception était mauvaise. Cela m'est arrivé plus d'une fois.

Il y avait la chute rigolote lorsque vous rasiez un trottoir un peu haut et que votre pédale, venant s'y appuyer, vous bloquait tout net, vous envoyant dans le décor. C'était aussi le cas si, en vous penchant dans un virage, la pédale en venait à toucher le goudron. Mieux valait bien positionner vos pieds avant un virage.

Et puis, la chute-surprise. Un jour, en ville, je roulais à gauche dans une rue à sens unique, rasant plus ou moins les voitures garées là. C'est alors qu'une portière s'ouvrit juste devant moi et je la pris en pleine « poire ».

Une autre fois, toute la famille était allée en promenade au Creux de l'Oulette, à quelques kilomètres de Montchouvet. Vous vous rappelez ? Plusieurs légendes se rattachent à cette belle cascade et à l'ancien moulin qui la surplombe. Tandis que la famille et des amis avaient pris la voiture, Alain et moi y étions allés à vélo. Partis devant, nous avons sprinté lorsqu'ils nous ont rattrapés. Nous arrivions à l'intersection de la D257 et de la D258, un peu avant le Chassaing. Pour prendre cette direction, il faut tourner très serré sur la droite, il s'agissait d'une véritable épingle à cheveux. J'étais devant et commençais à freiner pour pouvoir tourner facilement quand je vis Alain débouler sur ma gauche, amorcer le virage à toute vitesse, et déraper sur le gravier. Ce fut une fameuse chute dont il se tira heureusement avec seulement quelques égratignures.

Bon, j'arrête avec les chutes. Mais j'aimerais vous narrer encore deux souvenirs, l'un amusant, l'autre cuisant.

Alain et moi, nous avions décidé, avec la permission des parents, de monter à Montchouvet pour y passer trois jours. Cela représentait environ 58 kilomètres à parcourir, avec 530 mètres de dénivelé sur les 19 derniers km. Nous avions prévu de nous arrêter à Saint-Bonnet pour faire nos courses. N'ayant qu'un sac à dos, nous y avions entassé toutes nos victuailles avant de reprendre notre ascension : il nous restait 12 kilomètres à faire. J'ai proposé de porter le sac pour commencer. À moins de 5 kilomètres de la maison, alors que je ressentais la fatigue, je demandai à Alain de prendre le sac. Il le mit sur ses épaules ; malheureusement, il ne put remonter sur ses pédales : le sac était trop lourd pour lui. Je n'eus donc d'autre recours que de le reprendre et le porter jusqu'à la maison.

Pour la petite histoire, comme vous le savez, nous raffolions des bugnes et avions pris de quoi en faire une belle quantité. Je revois les montagnes de gâteaux que nous nous faisions une joie de dévorer pendant trois jours. Quelle ne fut pas notre désillusion de voir toute la famille rappliquer le lendemain matin, et se jeter sur nos bugnes les avalant en un rien de temps !

Le deuxième souvenir, plus douloureux, remonte à mes 20 ans, l'été où nous sommes partis en vacances au bord de la Méditerranée. Nous avions loué un bungalow dans un camp E.D.F., à Agay tout près de Fréjus, ce qui représentait un voyage d'environ 425 kilomètres. Alain et moi voulions y aller à bicyclette et, pour y arriver, nous nous étions entraînés durant les mois précédents, multipliant les sorties à vélo. Nous avions décidé de partir en début d'après-midi et de faire le gros du trajet la nuit à la fraîche. Il était convenu avec notre sœur aînée qui conduisait le reste de la famille dans la Régence qu'à partir de Valence, elle suivrait l'itinéraire que nous lui avions indiqué. Ainsi elle pourrait nous récupérer sur la route, en cas de pépin.

Nous voilà partis, commençant par grimper le Bessat. Je menais le train et cette difficulté nous parut légère. Nous sommes passés au col de la croix de Chaubouret. Nous étions en pleine forme et avions parcouru la descente en prenant des relais. À l'approche de Bourg-Argental, je remarquais que, devant moi, Alain pédalait bizarrement. Je lui criais de s'arrêter pour examiner son vélo, plus particulièrement son pédalier. Stupeur ! Il ne restait plus que 3 boulons sur les 6 qui relient les 2 plateaux. Pour un peu, si le pédalier s'était détaché, il se serait cassé la figure. Nous avons donc réparti les 3 boulons qui restaient, les resserrant en attendant d'arriver à la ville pour remplacer les 3 manquants. Pour faire tout cela, je me pliais et forçais, déjà refroidi du fait de la descente. Au moment de remonter sur mon vélo, je ressentis une douleur atroce au bas du ventre. Chaque coup de pédale déclenchait un « coup de couteau » alors que 69 km nous séparaient encore de Valence. Nous avons tout tenté pour avancer. La main dans mon dos, mon frère me poussait en pédalant. Il a aussi essayé de me tracter avec une corde. Finalement, progressant par petites étapes à cause de ma douleur et nous arrêtant chaque fois que je n'en pouvais plus, nous sommes arrivés à la N 7. Nous n'avions qu'un brassard pour éclairage ; heureusement, c'était la pleine lune. Des gendarmes à moto nous ont doublés. Je revois la tête de celui qui s'est penché sur sa moto pour me regarder sous le nez. Ils ne nous ont rien dit et ont poursuivi leur route. Nous avons tenté de nous reposer dans un champ. Vêtus seulement d'un petit short et d'un maillot léger, nous nous gelions, pelotonnés l'un contre l'autre pour essayer de nous tenir chaud. Même une couverture d'herbes coupées à la main n'y fit pas grand-chose ! C'est dans la douleur, alors qu'il faisait encore nuit que nous sommes repartis. Arrivés à Portes-lès-Valence, nous nous sommes arrêtés sur la place, il y avait une boulangerie et nous attendions impatiemment l'ouverture pour acheter de quoi manger. Malheureusement pour nous, c'était la fermeture annuelle et, le ventre vide, il ne nous restait plus qu'à guetter les voitures pour ne pas manquer Ghislaine au volant de la Régence.

Elle passa sans nous voir tandis que nous lui courrions derrière en criant. Heureusement, Danièle nous avait vus. Nous avons pu charger les vélos sur la galerie et finir le voyage en voiture. Ouf !

Pendant toutes les vacances, j'ai pu me baigner sans problème, traversant même l'anse d'Agay à la nage (environ 1 km). Mais chaque fois que je voulais reprendre mon vélo, je ne pouvais pédaler sans que la douleur me transperce. J'avais dû me faire une déchirure musculaire qui ne s'est résorbée qu'au bout de plusieurs mois.

Pour la petite histoire, la distance la plus longue que j'ai parcourue en une seule fois à vélo fut de 102 km.

En faisant du vélo, j'ai appris l'endurance. Il faut dire que, si je voulais me balader en campagne et sortir rapidement de la ville, je n'avais que deux possibilités : soit monter au Bessat, soit grimper le col de la République. Aussi, ma sortie favorite consistait-elle à monter par l'un et à revenir par l'autre. Il y avait une route au niveau du Bessat qui rejoignait le plateau de la République. Quand j'en avais le temps et l'envie, je poussais jusqu'à La Croix de Chaubouret, descendais vers Bourg-Argental et remontais par La Versanne. C'était une bonne séance d'entraînement.

Il y eut des moments où je pensais ne jamais parvenir à rentrer à temps. Par exemple, lorsque j'avais juste le temps de faire le petit tour avant la classe et que je n'avais pas prévu un fort vent contraire. Sur la route de jonction entre le plateau de la République et le Bessat, il y a une belle côte. J'avais l'impression de ne pas avancer et me voyais déjà arriver en retard à l'école. J'en aurais pleuré de rage. Alors, au lieu de penser à la punition qui m'attendait, fidèle à mon habitude, je me fixais de petits objectifs. Je peux vous dire que, ces jours-là, je faisais la descente à fond.

Une autre fois, alors que je montais le col de la République, mon petit-déjeuner ne passait pas. Allez donc savoir pourquoi ! À mi-côte, j'ai rendu ce que j'avais mangé, j'avais pourtant un estomac solide ! Livide, malade, il n'était pas question que je renonce pour autant. Alors, au lieu de regarder le sommet, je regardais 10 m devant moi. Je m'encourageais, me disant : « si tu arrives là-bas, c'est bien ! » Et puis, de temps en temps, je me retournais et mesurais du regard la distance parcourue, me félicitant et me disant que je devais pouvoir parcourir encore 10 m. Finalement, je surmontais la difficulté.

J'en ai tiré une leçon de vie, d'endurance et de constance face aux épreuves. Chaque fois que j'ai eu une « montagne » devant moi, je me suis fixé des objectifs à ma portée, ce qui me permettait d'avancer sans me décourager.

J'ai aussi vécu des expériences amusantes. Ce fut le cas, lorsque, grimpant le col de la République, je rattrapais un autre cycliste. Je n'avais pas un vélo de course, ni un cuissard et un beau maillot. Non, j'avais juste un short banal, un tee-shirt et des baskets, alors que le gars qui était devant moi avait tout l'équipement d'un coureur cycliste. Au début de la montée, je ne l'avais pas remarqué. J'avançais à un train régulier quand mon attention fut attirée par son comportement bizarre. Alors que je me rapprochais de lui, il se mit soudain à accélérer, me reprenant quelques dizaines de mètres. Sans me préoccuper de lui, je poursuivais tranquillement mon ascension. Mais, plus j'avançais, et plus je me rapprochais de lui. Je me disais que si je le rattrapais, il pourrait se mettre dans ma roue et finir le col avec moi. Après avoir fait deux ou trois fois le même manège, il s'arrêta, descendit de son vélo et, au moment où je passais à sa hauteur, il se mit à regarder la pédale, la faisant tourner avec la main comme si son vélo avait un problème. Je rigolais en mon for intérieur. Mais la leçon que j'en ai tirée, c'est qu'il ne faut pas se fier aux apparences et que je ne devais pas mesurer ma valeur à ce que je possédais, mais bien plutôt à ce dont j'étais capable.

# XXIX
# Gustave

Un véritable artiste, troisième enfant de Madame Lafond qui habitait au dernier étage de l'allée 5 à Clairville. Cette dame élevait seule ses cinq petits depuis le décès de son mari.

D'origine tchèque, elle s'était fait gruger par le patron de son mari. Ce dernier, qui travaillait dans le bâtiment, s'était tué en tombant d'un échafaudage. Cet accident du travail fut transformé en décès par maladie, privant cette femme des indemnités auxquelles elle avait droit. Elle travaillait dur et n'était pas souvent à la maison pour s'occuper de ses enfants qui restaient par conséquent livrés à eux-mêmes. Au foyer, c'était régulièrement la foire d'empoigne, les plus grands faisant régner leur loi sur les plus jeunes. Il y avait régulièrement de la bagarre, notamment pour les repas. Les grands se servaient les premiers, ne laissant qu'une maigre pitance aux plus jeunes. Cette dame, qui avait du mal à s'exprimer, était exploitée par ses employeurs et avait bien du mal à faire valoir ses droits face aux méandres de l'administration.

Je ne sais comment ma mère a découvert cette situation, mais elle a pris à cœur les problèmes de cette femme et l'a aidée à obtenir ses droits. Une amitié s'est créée entre elles.

Gustave avait complètement raté sa scolarité. Il dessinait pendant que le reste de la classe apprenait à lire et à écrire. Ne sachant pas construire une phrase correcte, il avait bien du mal à s'exprimer.

Quand il voulait expliquer quelque chose, il fallait l'écouter patiemment jusqu'au bout et trier les mots pour deviner ce qu'il avait à dire. Ne mangeant pas souvent à sa faim, il venait nous voir et restait jusqu'à ce que nous nous mettions à table. Mes parents, très hospitaliers, l'invitaient alors immanquablement à partager notre repas. Cela se reproduisait plusieurs fois dans la semaine.

Il s'incrustait tellement que, certains soirs, alors que j'allais me coucher, il m'accompagnait dans la chambre et je devais lui demander de partir pour pouvoir dormir.

Comme je l'ai déjà dit, c'était un artiste. Peintre et sculpteur, il suivait l'École des Beaux-Arts. Ses œuvres étaient fréquemment à l'image de son existence, très tourmentées. Pourtant, il était capable de reproduire la beauté d'une fleur, d'un animal, avec une précision et un réalisme incroyables. Ayant de l'empathie pour lui et, je dirai aussi, par la force des choses, je suis devenu son ami.

Gustave avait un atelier qui se trouvait, si mon souvenir est exact, rue Désiré Claude. J'y allais souvent pour le regarder travailler. Il commençait à se faire connaître en tant qu'artiste et réussissait à vendre quelques-unes de ses œuvres, ce qui lui permettait de payer son loyer.

À ma demande, il a peint des iris à l'aquarelle pour mes fiançailles. Je le revois à l'œuvre : au début, je ne devinais même pas l'ébauche des iris, mais, quand il eut terminé, j'étais époustouflé. C'était d'une telle finesse ! J'étais tellement loin d'avoir son talent ! Comme je vous l'ai déjà dit, il ne faut pas se fier aux apparences.

Il m'a également offert un de ses premiers carnets de croquis. Je l'ai toujours, et il s'agit pour moi d'un cadeau auquel j'accorde une grande valeur. Au moment d'écrire ces lignes, j'ai pris, avec beaucoup de plaisir, le temps de revoir chacune de ses esquisses.

Aimeriez-vous en voir quelques-unes ?

**Mon portrait dessiné par Gustave**

En cadeau de mariage, il m'a offert un tableau, un bouquet de fleurs flamboyant que je conserve précieusement. Cette toile m'a suivi partout où j'ai vécu, en France et en Afrique. Dans cette œuvre montée sur un cadre en bois de fortune, je peux discerner la personnalité de mon ami et même, y relire les premières pages de sa vie.

# XXX
# La discipline

La discipline revêtit différentes formes au fil du temps. La première que nous ayons reçue était sous forme de menace. Ça donnait à peu près ceci, sur un ton très sévère : « si tu continues, ce soir tu iras dormir les pieds nus ! » Le plus fort, c'est que ça fonctionnait alors qu'évidemment, nous dormions toujours les pieds nus !

À une autre époque, lorsque l'un d'entre nous faisait une bêtise et que mon père recherchait le coupable, il nous faisait mettre en ligne. Si aucun de nous ne se dénonçait ou ne se trahissait pendant qu'il nous fixait de son regard terrible, alors, il administrait une gifle magistrale qui partait de la 1$^{re}$ joue sur sa droite et se terminait sur la dernière joue à sa gauche.

Comme je l'ai déjà dit, en ces circonstances, la timidité me faisait rougir jusqu'au bout des oreilles et très souvent, petit, je faisais pipi dans ma culotte.

Parfois, le coupable était mis au placard. Il s'agissait d'un débarras qui faisait office d'armoire à balais et de penderie. Quand Jean-Marie y allait, il faisait les poches des vestes ou des manteaux qui se trouvaient là et trouvait parfois, au fond de l'une d'entre elles, une pièce qu'il récupérait pour s'acheter des bonbons.

Quand il était vraiment impossible, mon père le mettait à la cave. Lorsqu'il redescendait le chercher, une heure ou deux après, il le retrouvait souvent endormi sur une caisse. Mais un jour, plus de Jean-Marie ! il avait trouvé le moyen de passer par un espace au-dessus de la porte pour s'échapper et aller se promener.

Il y eut aussi l'époque du martinet, mais elle ne dura pas longtemps, car nous trouvions toujours le moyen de couper les lanières et de les jeter à la poubelle.

Si mon père nous corrigeait sous le coup de la colère, il ne savait plus s'arrêter. Je me rappelle deux corrections particulièrement violentes que reçut Jean-Marie. La première fut la conséquence de ses résultats scolaires et de son indiscipline à l'école. Mon père se mit à le tabasser. Je le revois à terre, recroquevillé sur lui-même, le père le frappant à grands coups de pied et de poings. Mon frère serrait les dents, pas un cri ne sortait de sa bouche : il était vraiment dur au mal.

Une autre fois, nous devions nous laver avant de partir et, comme nous étions pressés, mes parents avaient décidé que nous prendrions la douche deux par deux. Lorsque ce fut leur tour, Alain et Jean-Marie s'amusaient au lieu de se laver ; après deux ou trois avertissements, mon père revint avec une balayette. Sentant venir l'orage, Jean-Marie mit Alain sous lui tandis que mon père le frappait de toutes ses forces sur le dos avec la balayette. Ma mère eut toutes les peines du monde à l'arrêter. Au sortir de la salle de bains, Jean-Marie avait le dos zébré de multiples traces rouge violacé. Certains soirs, avant de dormir, mon frère me confiait qu'un jour il se vengerait.

Ma mère s'est souvent mise entre son mari et nous. D'ailleurs, il la surnommait « l'avocat de la défense ».

# XXXI
# Dénouement

Le calvaire de ma mère dura environ dix-sept ans. Avec les années, les nerfs de mon père se sont usés et, lorsqu'il buvait trop, il n'entrait plus en crise de nerfs. C'est à partir de ce moment qu'il a commencé à s'en prendre encore plus à nous.

Il y avait des situations plutôt comiques. Quand il était ivre, il ne voyait plus très clair. Lorsqu'il rentrait alors que nous avions déjà fini notre repas, son assiette l'attendait et nous restions près de lui pendant qu'il mangeait sa soupe. Je le revois demandant du sel, car, selon lui, la soupe en manquait. Pendant qu'il secouait la salière, il somnolait, sa main faisant le tour de l'assiette et laissant une trace blanche sur la table. Il posait la salière, « touillait » sa soupe avec la cuillère et commençait à manger. Cependant, ce n'était toujours pas assez salé et, comme nous rigolions, il se doutait que quelque chose clochait. Il reprenait la salière, disant qu'elle ne coulait pas bien, et recommençait son manège avec le même résultat. Un jour, à la place de la salière, nous lui avons donné un petit-suisse dans son emballage et, sans se rendre compte de rien, il s'en est servi pour saler sa soupe.

Malheureusement, ce n'était pas toujours aussi drôle. Jamais je n'oublierai ce que j'ai vécu avec Alain. Nous nous étions couchés après une soirée très mouvementée où, ayant beaucoup trop bu et hors de lui, mon père était particulièrement fâché contre nous. Nous avions fui la maison pour lui échapper. Lorsque nous sommes revenus en catimini, ma mère nous fit rentrer en silence et nous sommes allés immédiatement nous coucher. Aujourd'hui, je n'ai plus aucune idée de ce qu'il avait contre nous. Dans la nuit, inquiet et n'arrivant pas à dormir, je l'entendais parler fort à ma mère. À plusieurs reprises, il disait qu'il allait nous tuer. Je n'étais pas tranquille : la peur au ventre, je craignais surtout qu'il mette son projet à exécution. Nous étions dans la chambre dont la porte donnait sur la salle à manger et la fenêtre sur l'aire de jeux. Alain ne dormait pas non plus. Après concertation, nous avons décidé de fuir. Ayant fermé sans bruit la porte de la chambre, nous nous sommes habillés dans le noir puis nous avons ouvert la fenêtre. Il y avait près de trois mètres de haut. J'aidais mon frère à descendre en le tenant par une main, puis, me pendant au rebord de la fenêtre, je sautais à mon tour dans le vide.

Ne sachant où aller, nous sommes partis dans la nuit sur la route de Rochetaillée. Il faisait froid. Pensant à l'atelier de Gustave, j'ai proposé à mon frère d'aller nous y réfugier et nous avons fait demi-tour. Je savais où Gustave cachait la clef. L'atelier n'étant pas chauffé, nous avons récupéré çà et là quelques bouts de tissu qui nous ont servi de maigres couvertures, et nous avons dormi à même le plancher. Même si ces conditions n'étaient ni confortables ni agréables, nous nous sentions en sécurité.

Le lendemain, nous sommes allés chez la famille Lafond et j'ai expliqué la situation, veillant à ce que ma mère sache où nous étions. Nous ne sommes rentrés à la maison que deux ou trois jours plus tard, après avoir reçu la garantie que nous ne risquions plus rien.

Comme mon père déployait une force peu commune lorsqu'il était en crise de nerfs, Jean-Marie et moi avions peur de lui… jusqu'au jour où nous l'avons vu se faire bousculer par un passant qui, d'une simple pichenette, l'envoya au fossé. Cela se passait non loin du café Brenier et nous avons assisté à la scène alors que nous étions près de l'entrée du parc. Nous nous sommes dit alors que, si nous devions utiliser la force pour intervenir, il nous faudrait agir les premiers.

Finalement, le jour vint où il voulut s'en prendre à mes sœurs qui hurlaient de frayeur dans le couloir en face de la porte d'entrée. Il les poursuivit jusque dans leur chambre où elles se réfugièrent et renversa sur elles une étagère métallique qui se trouvait à la droite de la porte, au risque de les blesser gravement. Un de mes frères et moi, nous le tirâmes en arrière. Se retournant et croyant que c'était ma mère qui l'avait retenu, il voulut s'en prendre à elle. Il s'arma alors d'un talon haut et s'apprêta à la frapper violemment sur la nuque. J'eus tout juste le temps, avec mes grands bras, de lui arracher la chaussure des mains. Elle se trouvait face à la porte de sa chambre, et lui, devant la porte d'entrée. Je m'éloignais en direction de mes sœurs pour voir si elles allaient bien pendant que Jean-Marie s'interposait entre mon père et ma mère. Cette fois, mon père n'eut pas le temps de le frapper, car Jean-Marie lui mit deux ou trois directs dans la figure. Je revins sur mes pas et, voyant que la situation dégénérait, je dis à mon frère que nous n'allions pas nous battre avec notre père, mais plutôt le mettre à la porte. L'attrapant sous les aisselles et ouvrant la porte toute grande, nous l'avons mis dehors.

La porte d'entrée n'ayant pas de poignée extérieure, il était impossible de l'ouvrir sans clef et d'entrer. C'est alors que ma mère décida qu'au lieu de le mettre dehors, c'est nous qui partirions. Elle nous demanda de nous habiller. Une fois prêts, nous avons ouvert la porte pour sortir. Mon père, qui était toujours derrière, est entré. Voyant que nous partions, il nous a suivis, nous demandant où nous allions. Ma mère lui a dit qu'elle nous emmenait au commissariat de police et il prétendit nous accompagner pour porter plainte lui aussi. Cependant, au bout de 100 ou 200 m, il s'en retourna.

Quand ma mère déposa sa plainte, les policiers furent très gentils avec nous. Ils étaient consternés. Vu l'heure tardive, ils lui conseillèrent de nous emmener dans un hôtel et de prendre rapidement contact avec un avocat et les services sociaux.

Dès le lendemain, elle entreprit des démarches pour se séparer de son mari et nous avons été logés chez des amis, dans des foyers différents. Ces événements se sont déroulés vers la fin de l'année scolaire 1969-70. Je devais passer l'épreuve de français du bac et, comme je n'étais pas à la maison, je n'ai pas reçu ma convocation. Connaissant le jour et l'heure des épreuves, je me suis rendu au lycée Étienne Mimard au moment prévu. J'ignorais cependant que les épreuves se déroulaient au lycée Honoré d'Urfé à plus de 3 km de là. Je me suis dépêché d'y aller, mais, avec les transports en commun, je suis arrivé avec une heure de retard. C'est une des circonstances atténuantes que j'invoque pour mon échec au bac, bien que j'estime avoir mérité la sanction. En effet, je préférais aller à la pêche plutôt que suivre les cours de mathématiques.

À ce sujet, mes camarades de classe m'avaient surnommé le « touriste », ou encore le « courant d'air ». Il faut dire que j'avais trouvé le moyen de faire sauter les cours, en particulier le samedi matin. Au début de l'année, au lieu de faire apposer la signature de mon père sur le carnet scolaire, j'avais mis la mienne. Je pouvais donc signer tous mes mots d'absences en faisant croire qu'ils étaient signés de mon père. J'avais trouvé un motif qui pouvait susciter la compassion : je souffrais de « crises de coliques néphrétiques chroniques » (croyez-moi, c'est très douloureux !) bien que, dans les faits, je n'en ai jamais eu de ma vie. Donc, les samedis matin, j'étais régulièrement absent, au point que, lors des devoirs surveillés, je n'étais jamais là. J'ai dû avoir une seule (peut-être deux) notes sur toute l'année scolaire. En fait, je garde un excellent souvenir de ces samedis où nous partions très tôt, Jean-Marie et moi, pour aller pêcher dans les sources de l'Andrable. Par une matinée très froide, je me revois au bord de l'eau sortir une truite de 29 cm, c'était juste en dessous de l'Étrablat. Avouez que c'était plus excitant que de résoudre des équations.

Et si j'en revenais au récit de la séparation ?

Au bout de quelques jours, nous sommes retournés chez nous : ma mère avait obtenu auprès des tribunaux d'avoir l'appartement et mon père s'était trouvé un logement.

Il s'est alors passé un phénomène inattendu au sein de notre famille. Jusqu'à ce jour-là, nous étions très unis, formant un bloc solide pour faire face à la situation. Mais, dès que nous avons été libérés du problème, la famille s'est désagrégée. Mon frère aîné a commencé à devenir plus indépendant. Mon frère cadet, qui avait entamé des fréquentations, a fugué lorsque ma mère s'y est opposée parce que la jeune fille lui déplaisait. Il a alors quitté notre foyer définitivement.

En septembre, je suis entré dans la vie active. Ayant trouvé un travail dans une entreprise d'électricité générale, je laissais pratiquement l'intégralité de mon salaire à ma mère pour les besoins de la famille, comme d'habitude. Puis, au printemps, mes deux sœurs se sont mariées à quelques semaines d'intervalle.

En décembre 1972, je quittais à mon tour la maison. Il n'y avait plus que ma mère, Bernard, le plus jeune, et Jean-Marie.

Quand je me retourne pour analyser mon enfance et celle de mes frères et sœurs, il n'y a pas de doute possible, nous avons été marqués à vie par tout ce que nous avons vécu et que des enfants ne devraient jamais avoir à subir.

Alain a sans aucun doute ressenti un manque affectif très important.

Quant à Jean-Marie, non seulement il est devenu dur au mal, mais encore, ce qu'il a vécu a profondément impacté ses choix de vie. Du fait des années où nous avons partagé la même chambre et, pour être plus précis, le même lit, il y a jusqu'à ce jour une forte complicité entre nous. Nous n'avons pas besoin de nous parler pour nous comprendre.

Je n'étais pas assez proche de Danièle pour connaître ses états d'âme et comment elle a vécu cette tragédie. Elle était la fille aimée de son père, ce qui ne signifie pas qu'elle n'a pas souffert elle aussi. Elle a fait sa part pour aider la fratrie.

Ce qui est certain, c'est que je serai toujours reconnaissant à Ghislaine pour le soutien inconditionnel qu'elle a apporté à ma mère. C'est grâce à elle que nous avons pu traverser bien des turbulences et trouver la solution aux nombreux problèmes qui se posaient par suite des exactions de mon père. Elle a toujours assumé avec abnégation son rôle d'aînée, et pour cela, j'ai toujours eu un grand respect pour elle. Du fait de son accident quand elle s'ébouillanta petite, elle porte une certaine gravité en elle, une grande profondeur dans le regard. Elle a été marquée à plus d'un titre et a été mon modèle sous bien des rapports.

Pour ce qui me concerne, j'ai perdu le sourire dès la petite enfance et ayant très tôt le sens des responsabilités, j'étais beaucoup plus mûr que je n'aurais dû l'être à mon âge. D'ailleurs, lorsque j'eus la vingtaine, tous mes amis avaient 5 ou 6 ans de plus que moi.

Je n'oublierai jamais non plus le choc émotionnel que j'ai reçu plus tard. À l'époque, tout partait à vau-l'eau au sein de la famille, juste après la séparation de mes parents. Ma mère était en larmes et voulant la consoler, je l'ai prise dans mes bras. Je m'attendais à ce qu'elle s'y love, s'abandonnant à mon réconfort. Mais là, étonnamment, je me suis retrouvé avec un poteau de bois dans les bras. C'était comme un bloc de granit, insensible et dur. À ce moment-là, j'ai eu le sentiment que quelque chose me manquait, quelque chose que je n'avais jamais eu, le lien affectif qui lie une mère à son enfant. Et pourtant j'aime ma mère, je sais que je lui dois beaucoup, même si je ne suis pas toujours d'accord avec ses façons de voir et ses manières d'agir. Vous avez déjà lu le poème que je lui ai écrit pour lui exprimer ma gratitude.

Vous vous rappelez que mon père répétait très souvent que « nous étions nés sous une bonne étoile ». Cela n'engageait que lui. Mais vous, qu'en pensez-vous ? Après avoir lu ce court récit de ce que nous avons vécu, partagez-vous cet avis ?

Alors diriez-vous que « je suis né sous une bonne étoile » ?

## Remerciements

À mon épouse pour son soutien tout au long de la rédaction de ce livre, pour son grand travail de correction et pour la préface qu'elle a bien voulu rédiger.

À ma sœur Ghislaine et à mon beau-frère Michel pour leur première lecture et leurs conseils.

À mes frères Alain et Jean-Marie pour les rappels et les précisions qu'ils m'ont apportées, même si je n'en ai pas toujours tenu compte, voulant rester fidèle à ma mémoire.

À mon beau-frère Hervé qui m'a encouragé à incorporer des récits que j'avais partagés avec lui.

À Le Lys Bleu Éditions pour sa précieuse collaboration.

Imprimé en Allemagne
Achevé d'imprimer en mai 2023
Dépôt légal : mai 2023

Pour

Le Lys Bleu Éditions
40, rue du Louvre
75001 Paris

www.ingramcontent.com/pod-product-compliance
Lightning Source LLC
LaVergne TN
LVHW091321150826
845673LV00006B/1714

* 9 7 9 1 0 3 7 7 9 4 5 2 9 *